教育部人文社会科学研究项目"脱贫攻坚与乡村振兴有效衔接中的农民主体地位研究"（项目编号21YJC710086）

国家社会科学基金项目"在农村集体经济高质量发展中促进共同富裕研究"（项目编号22BKS179）

Research on the Role of Farmers as the Main Body in the Comprehensive Revitalization of Rural Areas

乡村全面振兴中农民主体作用

张晗 著

中国社会科学出版社

图书在版编目（CIP）数据

乡村全面振兴中农民主体作用 / 张晗著. -- 北京：中国社会科学出版社，2025.7. -- ISBN 978-7-5227-5169-6

Ⅰ. F320.3

中国国家版本馆 CIP 数据核字第 2025GD9447 号

出 版 人	季为民	
责任编辑	许　琳	
责任校对	苏　颖	
责任印制	郝美娜	
出　　版	中国社会科学出版社	
社　　址	北京鼓楼西大街甲 158 号	
邮　　编	100720	
网　　址	http://www.csspw.cn	
发 行 部	010-84083685	
门 市 部	010-84029450	
经　　销	新华书店及其他书店	
印　　刷	北京君升印刷有限公司	
装　　订	廊坊市广阳区广增装订厂	
版　　次	2025 年 7 月第 1 版	
印　　次	2025 年 7 月第 1 次印刷	
开　　本	710×1000　1/16	
印　　张	13.25	
字　　数	210 千字	
定　　价	78.00 元	

凡购买中国社会科学出版社图书，如有质量问题请与本社营销中心联系调换
电话：010-84083683
版权所有　侵权必究

前言

党的二十届三中全会通过《中共中央关于进一步全面深化改革推进中国式现代化的决定》，把"坚持以人民为中心"作为进一步全面深化改革的一项重要原则，强调"尊重人民主体地位和首创精神，人民有所呼、改革有所应，做到改革为了人民、改革依靠人民、改革成果由人民共享"。实现进一步全面深化改革的总目标，必须发挥人民的主体作用。从这个意义上说，把弘扬人的主体性作为进一步全面深化改革的根本出发点和着力点，把尊重人民首创精神、发挥人民主体作用作为制定改革政策、推动改革实践、衡量改革成效的根本标准，这直接决定着改革的顺利推进，直接关系到中国式现代化宏伟目标的顺利实现。

民族要复兴，乡村必振兴。全面建设社会主义现代化国家，实现中华民族伟大复兴，最艰巨、最繁重的任务在农村，最广泛、最深厚的基础也在农村。推进乡村全面振兴，是全面建设社会主义现代化国家的重大历史任务，是新时代"三农"工作的总抓手。乡村要振兴，根本要依靠亿万农民。在推进乡村全面振兴的过程中，要坚持不懈地推进农村改革和制度创新，不断解放和发展农村社会生产力，尊重农民主体性、坚持农民主体地位、发挥农民主体作用，调动农民投身于乡村振兴的积极性、主动性和创造性，激发农村发展活力和内生动力，保证乡村振兴战略落地见效、行稳致远。

乡村全面振兴中农民主体作用的发挥应坚持从乡村振兴战略全局出发，着眼于乡村建设、乡村发展、乡村治理等推进乡村全面振兴的重要支点，精准施策、久久为功。本书出于对政策逻辑和现实需要的综合考量，重点聚焦社会主义新农村建设中、脱贫攻坚同乡村振兴有效衔接中和乡村治理现代化中的农民主体作用发挥问题。其中，社会主义新农村建设始于2005年，党的十六届五中全会提出"生产发展、生活宽裕、乡风文明、村容整洁、管理民主"五大目标，重点提升农村基础设施建设水平和基本生产生活条件，是乡村全面振兴的基础性工程。两者既有历史的延续性，又有政策的系统性，共同服务于实现中国式现代化的宏伟目标；脱贫攻坚同乡村振兴是我国两大国家战略，具有基本目标的统一性和战略举措的互补性，是"破"与"立"的有机整体，脱贫攻坚摆脱生存困境，乡村振兴推动可持续发展。两者的有效衔接不仅是我国高质量稳定脱贫的重要路径，更是实现农民农村共同富裕的必然要求，为乡村全面振兴提供持续动能；乡村治理现代化是实现乡村振兴的重要基石，也是乡村振兴的题中应有之义，在不断完善乡村治理体系和治理能力的基础上推进乡村全面振兴，进而实现农业农村现代化，必将为全面建设社会主义现代化国家、全面推进中华民族伟大复兴奠定坚实基础。

本书以马克思主义世界观和方法论为指导，将"农民主体作用"作为研究对象，遵循"内涵解析—理论溯源—现实问题—影响因素—实践路径"的基本思路，运用文献研究法、跨学科研究法、系统分析法等研究方法对社会主义新农村建设中、脱贫攻坚同乡村振兴有效衔接中，以及乡村治理现代化中的农民主体作用及其发挥等问题进行研究，在不同研究视域下梳理了农民主体作用研究的理论与实践基础，分析了农民主体作用发挥的困境及其成因，提出了进一步发挥农民主体作用的路径选择，形成了关于乡村全面振兴中农民主体作用研究较为系统的体系，以期在理论和实践相结合的层面上科学回答"为何发挥"和"何以发挥"这两个重要问题,从而推动农民主体作用的高质量发挥,加快推进乡村全面振兴。

需要指出的是,乡村全面振兴强调内涵的"全面",是"五位一体"总体布局在农村的体现,是包括产业、人才、文化、生态、组织振兴在内的系统工程。因此,对于乡村全面振兴中农民主体作用的研究无论在理论层面上还是在实践层面上,都不仅限于本书研究的三个视域,有很多更有价值、更有深度的研究空间有待充实和拓展。本书不揣浅陋,谨抛砖引玉,不正之处,敬请批评指正。

目 录

绪 论 …………………………………………………………（1）
  第一节　核心概念界定 ………………………………………（1）
    一　乡村全面振兴 …………………………………………（1）
    二　农民主体作用 …………………………………………（5）
    三　社会主义新农村建设 …………………………………（7）
    四　脱贫攻坚同乡村振兴有效衔接 ………………………（11）
    五　乡村治理现代化 ………………………………………（14）
  第二节　研究现状及述评 ……………………………………（17）
    一　关于社会主义新农村建设中的农民主体作用的研究
        现状及述评 ……………………………………………（17）
    二　关于脱贫攻坚同乡村振兴有效衔接中农民主体作用的
        研究现状及述评 ………………………………………（24）
    三　关于乡村治理现代化中农民主体作用的研究
        现状及述评 ……………………………………………（35）

第一章　社会主义新农村建设中农民主体作用研究 …………（47）
  第一节　社会主义新农村建设中农民主体作用的研究
        基础 …………………………………………………（47）

  一　社会主义新农村建设中农民主体作用研究的理论
　　　　基础 …………………………………………………（47）
  二　社会主义新农村建设中农民主体作用研究的实践
　　　　基础 …………………………………………………（53）
第二节　社会主义新农村建设中农民主体作用发挥的
　　　　现实境遇 ……………………………………………（58）
  一　社会主义新农村建设中农民主体作用的主要表现 ……（58）
  二　影响农民主体作用发挥的主要因素 …………………（61）
第三节　社会主义新农村建设中进一步发挥农民主体作用的
　　　　对策建议 ……………………………………………（63）
  一　尊重农民的意愿 ………………………………………（63）
  二　政府职能定位要明确 …………………………………（66）
  三　加强行政管理体制改革 ………………………………（67）
  四　多渠道开展农民的培训工作 …………………………（69）
  五　对农村文化与传统要适当尊重 ………………………（71）
  六　加强农民的伦理道德建设 ……………………………（73）

第二章　脱贫攻坚同乡村振兴有效衔接中农民主体
　　　　作用研究 …………………………………………（75）
第一节　脱贫攻坚同乡村振兴有效衔接中农民主体作用
　　　　发挥的理论与实践基础 ……………………………（75）
  一　脱贫攻坚同乡村振兴有效衔接中发挥农民主体作用的
　　　　理论基础 ……………………………………………（75）
  二　脱贫攻坚成效为衔接期内农民主体作用发挥奠定
　　　　实践基础 ……………………………………………（86）
第二节　脱贫攻坚同乡村振兴有效衔接和发挥农民主体
　　　　作用的关系探讨 ……………………………………（91）

一　发挥农民主体作用是脱贫攻坚同乡村振兴有效衔接的

　　　　内在要求 ·· (91)

　　二　脱贫攻坚同乡村振兴有效衔接引领农民主体作用的

　　　　充分发挥 ·· (95)

　　三　二者统一于推进乡村全面振兴 ································ (98)

第三节　脱贫攻坚同乡村振兴有效衔接中农民主体作用

　　　　发挥的现实困境 ·· (100)

　　一　农村党组织组织力不强导致农民主体缺场 ············ (100)

　　二　农村人口基本态势不佳弱化农民主体力量 ············ (104)

　　三　乡村产业持续发展乏力消解农民积极主动性 ········ (107)

　　四　乡风文明建设水平欠佳降低农民文化认同感 ········ (110)

　　五　精准扶贫实践中政策执行偏差减弱农民内生动力 ···· (113)

第四节　脱贫攻坚同乡村振兴有效衔接中农民主体作用

　　　　发挥的路径选择 ·· (116)

　　一　突出基层党组织政治功能以筑牢农民主体作用发挥的

　　　　组织保障 ·· (116)

　　二　优化农村人口态势以强化农民主体作用发挥的

　　　　力量根基 ·· (121)

　　三　促进乡村产业高质量发展以夯实农民主体作用发挥的

　　　　物质基础 ·· (125)

　　四　推进乡村文化振兴以优化农民主体作用发挥的

　　　　文化环境 ·· (129)

　　五　优化政策落实以凸显农民主体作用发挥的政策

　　　　效能 ·· (133)

第三章　乡村治理现代化中农民主体作用研究 ···················· (138)

　第一节　乡村治理现代化中农民主体作用的研究基础 ········ (138)

　　一　乡村治理现代化中农民主体作用发挥的理论基础 ···· (138)

二　乡村治理现代化中农民主体作用发挥的实践基础……（149）
第二节　乡村治理现代化中农民主体作用发挥面临的
　　　　问题及成因……………………………………………（154）
　　一　乡村治理现代化中农民主体作用发挥面临的问题……（155）
　　二　影响乡村治理现代化中农民主体作用发挥的原因……（162）
第三节　乡村治理现代化中农民主体作用发挥的
　　　　路径选择………………………………………………（174）
　　一　优化乡村治理组织结构以强化农民主体地位…………（175）
　　二　推进乡村治理法治建设以维护农民主体权益…………（180）
　　三　改善乡村治理文化生态以培育农民公共精神…………（186）
　　四　推动农民群体"身""心"回归以提升农民
　　　　主体效能………………………………………………（191）

参考文献 ………………………………………………………（198）

绪论

第一节 核心概念界定

概念界定是开展研究的基本前提，理论研究离不开对相关概念的分析和把握。深入研究乡村全面振兴中农民主体作用问题，首先需要结合研究背景和发展现状厘清"乡村全面振兴""农民主体作用""社会主义新农村建设""脱贫攻坚同乡村振兴有效衔接""乡村治理现代化"等核心概念的内涵与边界，确定研究范围和研究对象。

一 乡村全面振兴

2017年10月，党的十九大报告首提乡村振兴战略，之后乡村振兴成为农村社会经济发展的主旋律之一。2018年9月，中共中央、国务院印发的《乡村振兴战略规划（2018—2022年）》首次提到"乡村全面振兴"这一概念。乡村全面振兴是在以中国式现代化推进中华民族伟大复兴的背景下对乡村振兴的进一步发展，是包括乡村产业、人才、文化、生态、组织在内的全方位的振兴。推进乡村实现全面振兴，既是对以往"三农"工作思想的继承和发扬，又是立足新发展阶段贯彻新发展理念、构建新发展格局的重要举措，也是习近平新时代中国特色社会主义思想在"三农"工作方面的最新理论和实践成果。

（一）乡村全面振兴的总要求

党的十九大报告指出，按照产业兴旺、生态宜居、乡风文明、治理有效、生活富裕的总要求实施乡村振兴战略。"产业兴旺、生态宜居、乡风文明、治理有效、生活富裕"是实施乡村振兴战略的总要求。这一要求体现了对乡村发展的全面考虑，包括经济发展、生态环境、文化传承、社会治理和生活水平等多个方面。

"产业兴旺"是乡村振兴的经济基础。没有乡村产业的兴旺，乡村振兴就是空中楼阁。"产业兴旺"强调农业和农村经济的持续健康发展，通过发展特色农产品、推进农业现代化、优化产业结构等方式，加快构建现代农业产业体系、生产体系、经营体系，推进农业由"增产导向"转向"提质导向"，切实提升全要素生产率，提高农业综合生产能力和经济效益，促进农民增收，挖掘和激活农村经济高质量发展的潜力。

"生态宜居"是乡村振兴的环境基础。在工业化、城镇化加速发展的背景下，必须加大农村生态治理资金的投入，建立健全有利于农村生态治理的生态补偿机制，强调尊重自然、顺应自然、保护自然，统筹山水林田湖草系统治理，增加农业生态产品和服务供给，推动乡村自然资本加快增值，实现"百姓富"和"生态美"的"双赢"。在乡村改造过程中，要注意保留村庄原始风貌，注重文化传承，全面改善和提升农村人居环境的质量，通过建设美丽乡村、完善农村生态治理设施建设，进一步提升村容村貌，更好地发展乡村旅游、打造田园综合体。

"乡风文明"是乡村振兴的文化基础。倡导乡村文明新风，加强农村思想道德建设和文化教育，培育文明乡风、良好家风、淳朴民风。加强对乡村物质文化和非物质文化的保护，特别是要加大对体现中华优秀传统文化和红色革命文化的关键区域的保护，守护好广大农民的精神家园,防止中国优秀传统文化流失。提高农民的科学文化素质,注意提高农民对乡村振兴相关政策及其重大意义的认知水平,培养其责任意识、参与意识,吸引更多农民更好地融入乡村振兴的进程,为乡村振兴提供内在保证和动力源泉。

"治理有效"是乡村振兴的社会基础。强调乡村治理体系和治理能力现代化,通过完善村民自治制度、加强基层民主管理等方式,确保乡村社会既充满活力,又和谐有序。推动乡村组织振兴,打造千千万万个坚强的农村基层党组织,培养千千万万名优秀的农村基层干部,提升农村基层党组织的领导力、凝聚力和战斗力,推动乡村自治、法治、德治有机结合。积极调动农民群众的积极性、主动性,紧跟新时代,唱响主旋律,真正实现乡村邻里和睦和谐,形成现代乡村社会治理体制,保障乡村社会健康有序地发展。

"生活富裕"是乡村振兴的群众基础。广大农民对美好生活的向往是推动乡村振兴的根本动力,维护广大农民的根本利益、促进广大农民共同富裕是推动乡村振兴的出发点和落脚点。推进乡村全面振兴要致力于提高农村居民的生活水平,通过增加农民收入、改善居住条件、提高医疗教育等公共服务水平,缩小城乡居民在收入和公共保障方面的差距,让亿万农民共享改革发展成果,提升农民的获得感、幸福感。

(二)乡村全面振兴的实践要求

乡村振兴战略的实施需要遵循一系列实践要求,以确保农业农村的优先发展,加快推进农业农村现代化,实现乡村全面振兴。

1. 坚持人民至上的价值取向。人民性是马克思主义的本质属性,人民立场是中国共产党的根本政治立场,坚持人民至上是贯穿习近平新时代中国特色社会主义思想的一条红线。在推进乡村全面振兴的实践中,坚持人民至上就是体现为乡村振兴为农民而兴、乡村建设为农民而建,"集中力量抓好办成一批群众可感可及的实事,不断取得实质性进展、阶段性成果"①。坚持农民主体地位，充分发挥农民在乡村振兴中的主体作用，把实现好、维护好、发展好农民群众的根本利益作为乡村振兴一切工作的出发点和落脚点，确保发展成果普惠于民，不断提升农民的获得感、幸福感、安全感。

2. 坚持系统观念的思想方法。坚持系统观念推进乡村全面振兴，就是要用普遍联系的、全面系统的、发展变化的观点把握乡村发展规律，把握好推进乡村全面振兴中全局和局部、当前和长远、宏观和微观、主要矛盾和次要矛盾、特殊和一般的关系各项政策实践既符合乡村发展的整体效益，又能满足农民群众的实际需求。要统筹推进城乡融合发展，加快形成工农互促、城乡互补、协调发展、共同繁荣的新型工农城乡关系；统筹推进美丽乡村、人文乡村、善治乡村、共富乡村、数字乡村；统筹推进乡村规划、建设、管理、经营、服务；统筹推动物质文明和精神文明协调发展，充分运用以点带面、示范引领、连线成片，有力有序地推进乡村全面振兴各项工作。②

3. 坚持守正创新的原则路径。守正创新是推动乡村全面振兴的内在要求和基本逻辑。推进乡村全面振兴中的守正创新，就是要在守正中把稳舵盘、保持航向，就是要继承和发扬马克思主义和中华优秀传统文化这个魂与根，坚持党的农村工作基本立场、基本原则、基本方法，准确把握好主要路径和政策取向，确保中国特色乡村振兴道路的行稳致远。在具体实践中，守正强调坚持党领导"三农"工作原则不动摇，坚持农村基本经营制度不动摇，坚持尊重农民意愿、保护农民利益不动摇；创新就是在守正的基础上，积极适应时代的变革和需求，探索新的产业发展模式、乡村治理机制等，推动乡村全面振兴不

---

① 《中共中央 国务院关于学习运用"千村示范、万村整治"工程经验有力有效推进乡村全面振兴的意见》，中国政府网，https://www.gov.cn/gongbao/issue/202402/content_6934551.html。

② 黄承伟：《推进乡村全面振兴：理论逻辑、科学方法与实践路径》，《农村经济问题》2024年第7期。

断取得新的突破和进步。

4. 坚持辩证思维的智慧方法。推进乡村全面振兴中辩证思维，就是要着眼于普遍联系，坚持将农民、农村、农业发展一同纳入中国式现代化的建设进程，致力于把强农美村富民结合起来，提高乡村振兴的总体布局，走好生态、生产、生活的"三生"融合的高质量发展之路；要善于抓住主要矛盾，坚持以点破面，以农村人居环境整治小切口来推动乡村全面振兴的大发展，在造就万千美丽乡村的同时造福万千农民群众，实现乡村振兴整体与局部的契合统一；要坚持一切从实际出发，因地制宜、科学定位农村发展路径时充分考虑地方条件、产业优势和特色、农民需求和利益等多种因素，长远规划乡村全面振兴的可持续发展。

二 农民主体作用

对发挥农民主体作用进行研究，必须界定"何为农民主体作用"，系统阐述农民主体作用的具体表现，同时，对"农民主体作用"的界定离不开对"主体性""主体作用"等相关概念的理解与辨析。

从哲学意义上讲，主体是相对于客体而言的，主体是人，客体是自然。主体性是人作为实践主体的质的规定性，是主体所具有的本质和特性，是主体在处理对象化关系和对象化活动过程中所表现出来的自主性、能动性和创造性。但人的主体性并非主观随意，而要受到客观对象的制约，即人作为主体内在地具有受动性，"是受动的、受制约的和受限制的存在物"[①]。所谓主体作用，是作为主体的人充分意识到自身所处的主体地位，最大限度地发挥自身主体性，以期在认识世界和改造世界的过程中实现全面自由发展，并对社会历史活动产生影响的表现及效应。

---

① 《马克思恩格斯文集》（第一卷），人民出版社2009年版，第209页。

人的主体作用需要通过劳动实践来实现，即人只有通过劳动实践作用于客体时才能发挥主体作用。作为主体的人的本质"不是单个人所固有的抽象物，在其现实性上，它是一切社会关系的总和"，[①] 任何脱离集体的个人奋斗都不能彰显个体的本质。发挥人的主体作用必须建立一个"自由人联合体"，以"群的联合力量和集体行动来弥补个体自卫能力的不足"。[②] 因此，"农民主体作用"中的农民是一个整体性的概念，是以集体主体为实践主体的社会群体，而非具体化、个体化的农民。

在乡村全面振兴的背景下，农民主体作用表现在农民追求美好生活和农业农村实现现代化的全部实践中，具有特定的时代意蕴，体现在决策导向、实践动力和衡量依据三个方面：一是农民的决策主体作用表现为乡村建设的决策导向基于农民。农民群众的发展诉求真实反映着乡村的战略任务和决策取向，是决定乡村发展方向的关键因素。乡村建设要坚持问计于民、施策为民，深入群众中去，倾听群众的意见建议，制定的每一项政策举措都契合民意，才能促进乡村建设发展；二是农民的实践主体作用表现为乡村建设的实践动力源于农民。农民是乡村建设的主力军和行动者，推进乡村建设发展需要激发农民群体的活力，挖掘农民的潜能。从中国农村改革发展历史进程来看，家庭联产承包责任制、乡镇企业、村民自治制度、脱贫攻坚取得决定性胜利等一系列改革举措无不是极大地释放农民主体活力的结果；三是农民的评价主体作用表现为乡村建设的成果检验归于农民。以农民的利益引领和评价农村改革实践，这既是中国共产党作为马克思主义政党的本质要求，也是党百年来中国农村改革实践的经验总结，更是新时代加快推进农业农村现代化，实现全体人民共同富裕的现实需要。

[①]《马克思恩格斯选集》（第一卷），人民出版社2012年版，第139页。
[②]《马克思恩格斯文集》（第四卷），人民出版社2009年版，第45页。

基于以上分析，可以将农民主体作用理解为：作为实践活动主体的农民群体基于自身的主体意识、主体地位和主体能力，在农业生产活动中发挥和发展自身品质性特征时，彰显出来的其作为认识主体、实践主体、评价主体的作用。认识主体、实践主体和评价主体构成了农民参与乡村实践活动的主体性基底，它们互为因果、互相作用，交织作用于乡村生产生活的实践进程。

三 社会主义新农村建设

"社会主义新农村"不是一个新概念，早在20世纪50年代就提出过。20世纪80年代初，我国提出"小康社会"概念，其中建设社会主义新农村就是小康社会的重要内容之一。社会主义新农村建设是指在社会主义制度下，按照新时代的要求，对农村进行经济、政治、文化和社会等方面的建设，最终实现把农村建设成为经济繁荣、设施完善、环境优美、文明和谐的社会主义新农村的目标。党的十六届五中全会提出扎实推进社会主义新农村建设，这是在新的历史背景中，在全新理念指导下的一次农村综合变革的新起点。

（一）社会主义新农村建设的总体目标

2006年中央一号文件指出："十一五"期间要全面贯彻落实科学发展观，统筹城乡社会经济发展，实行工业反哺农业、城市支持农村和"多予少取放活"的方针，按照"生产发展，生活富裕，乡风文明，村容整洁，管理民主"的要求，协调推进社会主义新农村建设。这20字的目标是一个有机的整体，既是新农村建设的总体目标，也是对新农村建设提出的具体要求。

第一，"生产发展"是社会主义新农村建设的首要任务。只有进一步加强农业和农民的支持保障体系，不断提高农业综合生产能力，大力加强农业技术推广体系和社会化服务体系建设，不断提高农业技术创新转化能力，大力加强农村现代流通体系建设，积极发展各种类型的农民合作经济组织，以农民增收为目的，大力发展非农产业，逐步形成以现代农业为基础、农村工业为主导、服务业为纽带的产业发展新格局，才能不断增强农村的自身活力，为新农村建设提供雄厚的物质基础。

第二，"生活富裕"是社会主义新农村建设的根本目的。只有坚持"多予少取放活"的方针，建立工业反哺农业、城市支持农村的长效机制，积极探索增加农民收入的新途径，努力拓展强农、支农、惠农的新政策，不断提高农民的生活水平和生活质量，才能最大限度地调动、挖掘和发展广大农民建设新农村的积极性、主动性和创造性。

第三，"乡风文明"是社会主义新农村建设的重要标志。只有在新形势下，顺应广大农民求知、求富、求美、求乐的新趋势，重视和加强精神文明建设，在广大农村积极传播新思想，树立新观念，倡导新风尚，逐步形成物质文化生活丰富多彩，精神风貌健康、文明、向上的新乡风，农民才能安居乐业，社会才能安定有序。

第四，"村容整洁"是社会主义新农村建设的基本要求。只有切实搞好村镇规划，着力加强农民最急需的生活基础设施、村镇公共设施和公益性基础设施建设，不断改善农村的人居环境，为农民提供良好的生产、生活、生存条件，使农民尽可能地享受到经济社会发展的成果，与城市居民共享现代文明，才能展示新时代社会主义新农村的绚丽风采，实现人与自然的和谐相处。

第五，"管理民主"社会主义新农村建设的可靠保证。只有切实加强农村民主政治建设，充分发挥农村基层党组织的领导核心作用，为建设社会主义新农村提供坚强的政治和组织保障，健全村党组织领导的充满活力的村民自治机制，进一步完善村务公开和民主议事制度，不断提高农民依法行使权力和履行义务的自觉性，农民才能真正成为建设新农村的主人翁。

建设社会主义新农村的五句话提纲挈领，言简意赅，融会贯通，相辅相成，充分体现了经济建设、政治建设、文化建设、社会建设和党的建设的协调统一，充分体现了全国亿万农民对社会主义新农村建设的憧憬和期盼。

(二) 社会主义新农村建设的基本原则

1. 坚持以发展农业经济为中心

2006年中央一号文件指出：要"坚持以发展经济为中心，进一步解放和发展农村生产力，促进粮食稳定发展、农民持续增收"。这就明确告诉我们，在新农村建设中要始终以发展农村经济为中心，把"生产发展"放在首位。这不仅体现了科学发展观的根本精神，也反映党中央立足国情，一心一意谋发展，真正把发展当作执政兴国的第一要务。

第一，以发展农村经济为中心，必须进一步解放和发展农村生产力。解放和发展农村生产力不仅是实现农业农村现代化的必由之路，更是保障国家安全、促进社会公平、推动共同富裕的战略基石。解放和发展农村生产力直接关系农民收入增长和农民权益的实现，有利于激活农村生产要素配置，缓解城乡发展失衡，满足农民美好生活需要。

第二，以发展农村经济为中心，必须保障国家粮食安全，促进农民增收。粮食安全和农民增收，不仅是重大的经济问题，而且是重大的政治问题。我们必须集中力量促进种粮农民增加收入，抓住了种粮农民的增收问题，就抓住了农民增收的重点；调动了农民的种粮积极性，就抓住了粮食生产的根本；保住和提高了主产区的粮食生产能力，就稳住了全国粮食大局。

2. 坚持以人为本

2006年中央一号文件指出："必须坚持以人为本，着力解决农民生产生活中最迫切的实际问题，切实让农民得到实惠。"同时强调"尊重农民的主体地位"，"依靠农民的辛勤劳动"建设新农村。这里体现的是马克思主义的基本观点，是科学发展观的本质和核心，同时也是新农村建设成败的关键。

第一，建设新农村为的是农民。新农村建设的目的就是使农民共享改革发展和现代文明的成果，从根本上改变农民传统的生产方式、生活方式、交往方式和价值观念，引导农民提高素质、转变观念、走向富裕、迈向文明。建设新农村要以维护农民的利益为出发点和落脚点，满足农民的多方面需要。具体地说，就是在经济发展的基础上，不断提高农民群众物质文化生活水平和健康水平；就是要尊重和保障农民的政治、经济、文化权利；就是要不断提高农民的思想道德素质、科学文化素质。

第二，建设新农村靠的是农民。新农村建设是关系农民自身利益的大事，也必须依靠农民来做，农民是新农村建设的受益者，也是新农村建设的主体。新农村建设的各个项目，都要让农民自己做主，靠农民自我组织、自主管理。有些地方在新农村建设中，采取村民理事会等形式，把村庄整治的决策权交给群众，并采取"以物代补""以奖代补"等形式，动员农民用自己的力量，改变农村落后面貌。这是推进新农村建设的一条重要经验。

3. 坚持发挥各方面的积极性

关于社会主义新农村建设，2006年中央一号文件就曾指出，"必须坚持发挥各方面积极性，依靠农民辛勤劳动、国家扶持和社会力量的广泛参与，使新农村建设成为全党全社会的共同行动。"坚持发挥各方面的积极性是确保新农村建设健康发展的重要条件。

第一，发挥政府的作用。政府在新农村建设中不仅是强有力的组织者，而且是直接的参与者。充分发挥政府的作用就是要发挥政府的引导和扶持作用。一要制定相关政策和措施，引导农村根据城乡统筹战略做好新农村建设的实施方案，加强各个部门力量的整合、多种资源的整合和诸多项目的整合工作，形成新农村建设的合力。二要完善财税政策，建立稳定的多元化的资金投入增长机制，扶持农民提高农村综合生产能力，提高农民培训水平和整体素质，帮助农民改变农村面貌、建设美好家园。

第三，调动社会力量广泛参与。这既是新农村建设的要求，也是全社会的责任。所谓社会力量主要包括各种社会团体、企业及研究机构。一是要积极动员各类社会组织和民间团体充分利用自身的优势和条件，拿出具体措施，千方百计出资出力、扶人扶智，为农民排忧解难，为农村建设添砖加瓦。二是要坚持以市场为取向，通过政策激励等方式，按照"民办、民管、民营、民受益"的原则，积极鼓励个人、企业投资管理参与新农村建设；三是要大力推广各种行业协会、专业合作社、联合社、经联社等农村合作经济组织形式，拓宽投融资渠道，建立新的机制，参与和支持新农村建设。

四　脱贫攻坚同乡村振兴有效衔接

全面概述脱贫攻坚同乡村振兴有效衔接战略，需要明晰脱贫攻坚同乡村振兴的逻辑关联、有效衔接的战略背景及意义、有效衔接的重点任务及目标导向。

（一）脱贫攻坚同乡村振兴的内在关联

脱贫攻坚同乡村振兴都是关涉中国农业农村发展的重大战略部署。党的十八大以来，为完成全面建成小康社会和实现农业农村现代化的战略目标任务，党和国家全面打响脱贫攻坚战，旨在通过解决贫困人口"两不愁三保障"，实现现行标准下农村贫困人口全部脱贫，消除绝对贫困，贫困县全部摘帽，解决区域性整体贫困。脱贫攻坚是全面建成小康社会的标志性指标和底线任务。党的十九大报告从第二个百年奋斗目标出发，做出了实施乡村振兴战略的重大决策部署，在全面建成小康社会的基础上解决脱贫后的持续发展问题，从而推动农业全面升级、农村全面进步、农民全面发展，实现农业农村现代化。脱贫攻坚同乡村振兴既有共通之处，也存在各方面的差异。其共通之处在于，二者战略时序上的连续性，脱贫攻坚同乡村振兴战略在安排上前后相继，都着眼于解决发展的不平衡、不充分问题，实现"两个一百年"奋斗目标，增进人民福祉，最终实现共同富裕，都是对社会主义本质要求的具体化和系统化；二者政策上的延续性，党和国家将脱贫攻坚作为推进乡村振兴的主要任务，在诸多内容上具有同质性，体现在产业、人才、文化、生态、组织五个方面；二者具有作用互构性，打赢脱贫攻坚战是实施乡村振兴战略的前提和基础，实施乡村振兴战略有助于巩固拓展脱贫攻坚成果，建立稳定脱贫长效机制。其差异性体现在：脱贫攻坚关注特定地区和群体，因地制宜、因人施策采取特惠性政策进行靶向治疗，侧重于保基础、保兜底，目标任务具有紧迫性和阶段性；乡村振兴则聚焦全域和所有农民，强调进行总体设计，全面发展，着力实现农业强、农村美、农民富，是规划到2050年的一项长期性历史任务。总之，脱贫攻坚同乡村振兴存在时序连续、内容共融、作用互构为主要表征的相辅相成关系，为两大战略衔接实践奠定了理论与实践基础，是新时代解决"三农"问题，实现全体人民共同富裕的现实需要。

(二) 脱贫攻坚同乡村振兴有效衔接的战略背景及意义

党的十八大以来，以习近平同志为核心的党中央把脱贫攻坚作为全面建成小康社会的底线任务，团结带领全党全国各族人民经过艰苦奋斗，如期打赢了脱贫攻坚战，历史性地解决了绝对贫困问题，实现了第一个百年奋斗目标。但由于城乡二元体制机制障碍尚未根除，建设全体人民共同富裕现代化最艰巨、最繁重的任务仍在农村，农业农村发展滞后的根本问题仍未得到有效解决。有鉴于此，党的十九大报告进一步提出要"坚持农业农村优先发展，实施乡村振兴战略"。2018年，中共中央、国务院出台《关于实施乡村振兴战略的意见》（以下简称《意见》）提出"做好实施乡村振兴战略与打好精准脱贫攻坚战有机衔接"的工作，并初步描绘了两大战略有效衔接的政策框架。2021年，《意见》的出台，从顶层设计层面对两大战略有效衔接作了具体部署。习近平总书记在党的二十大报告中进一步强调"巩固拓展脱贫攻坚成果，增强脱贫地区和脱贫群众内生发展动力"。① 脱贫攻坚结束后，党中央部署"三农"领域重点工作从脱贫攻坚转为乡村振兴，要求实现巩固拓展脱贫攻坚成果同乡村振兴有效衔接。两大战略有效衔接既是改善脱贫质量、提高脱贫成效的基础工程，回应了新时代乡村振兴的现实诉求，又启动了全面推进乡村振兴战略的新阶段，是全面建设社会主义现代化国家新征程上扎实推进共同富裕的关键环节，对解决社会主要矛盾、推进农业农村现代化、实现全体人民共同富裕具有重大意义。

（三）脱贫攻坚同乡村振兴有效衔接的重点任务及目标导向

《意见》在科学把握乡村发展历史方位、脱贫地区阶段特征及形势变化的基础上，科学阐明了两大战略有效衔接的目标任务，强调全面建成小康社会后，要在巩固拓展脱贫攻坚成果的基础上，全面推进乡村振兴，接续促进脱贫地区发展和群众生活改善，在促进全体人民实现共同富裕中取得实质性进展。

第一，巩固拓展脱贫攻坚成果是两大战略有效衔接的基本要求。过渡期是实施乡村振兴战略的发力期，打赢脱贫攻坚是实施乡村振兴战略优先任务和基本前提，脱贫的质量和稳定性事关实施乡村振兴的进程和成效。脱贫攻坚任务目标完成后，还存在影响持续稳定脱贫的因素，部分脱贫群众存在返贫风险，防止返贫任务仍然很重。因此，需要进一步巩固拓展脱贫攻坚成果，确保不发生规模性返贫和新增致贫现象发生，并在此基础上对脱贫攻坚的质量进行全方位提升，提升脱贫地区发展能力。如果说脱贫攻坚成果得不到巩固，防止规模性返贫底线不能够守住，那么脱贫攻坚也经不起历史和人民的检验，乡村振兴也缺失了现实基础。因此，在脱贫攻坚同乡村振兴有效衔接期必

---

① 习近平：《高举中国特色社会主义伟大旗帜　为全面建设社会主义现代化国家而团结奋斗——在中国共产党第二十次全国代表大会上的报告》，人民出版社2022年版，第31页。

须在巩固拓展脱贫攻坚成果上下更大功夫,确保脱贫的长效性和稳定性,为乡村振兴战略的实施奠定坚实的基础。

第二,全面推进乡村振兴是两大战略有效衔接的目标导向。从实践进程来看,脱贫攻坚是新时代解决"三农"问题的首要任务,而乡村振兴则是对脱贫攻坚的深化、拓展和提高,脱贫攻坚同乡村振兴有效衔接在巩固脱贫攻坚成果的前提下,适当提高脱贫的质量,探索建立缓解相对贫困的长效机制和路径措施,完善城乡融合发展体制机制,基本实现城乡基本公共服务均等化,为缓解相对贫困,实施乡村振兴,实现农业农村现代化,实现共同富裕奠定坚实基础。因此,要做好脱贫攻坚成效拓展和质量提升,打造高质量减贫格局,把贫困问题作为城乡共同需要应对的战略性问题,在此基础上,开启全面推进乡村振兴的新征程,全面实现农业强、农村美、农民富。

综上所述,脱贫攻坚同乡村振兴有效衔接是在打赢脱贫攻坚战、消除绝对贫困、全面建成小康社会的基础上,巩固拓展脱贫攻坚成果,接续推进脱贫地区发展和群众生活改善,开启全面实施乡村振兴战略的系统性工程,对全面推进乡村振兴、加快农业农村现代化具有重大战略意义。

五 乡村治理现代化

(一) 乡村治理现代化的科学内涵

"乡村治理"作为学术概念,最初是由华中师范大学中国农村问题研究中心的政治学者徐勇教授于1998年针对"三农"问题提出的。[1] 在此之后,学者们从不同的研究视角对"乡村治理"的概念进行了界定与阐释。综合国内学者的观点发现,乡村治理包含治理主体、治理方式与治理效果三大基本要素。作为国家治理在乡村场域的延伸与实践,乡村治理具有双重性,乡村治理既是国家治理

---

[1] 徐勇:《乡村治理与中国政治》,中国社会科学出版社2003年版,第235页。

的基础，表现为国家在乡村层面的治理，又是乡村自治能力的运用，表现为乡村社会内部的自我治理，其在治理主体和治理方式上更加强调乡村国家机构与乡村社会组织以及村民之间的合作与互动。

在我国的政治话语中，"治理现代化"是基于中国特色社会主义话语体系下开展的，本质上要遵循国家治理演进的一般规律。[①] 与传统治理相比，"治理现代化"是一个追求现代性与合理性并存的过程，基本指向包括治理主体多元化、治理结构合理化、治理方式民主化与法治化。从根本上讲，现代化的核心内容是人的现代化，治理现代化更加重视人民的力量，更加凸显人民当家作主，各项政策的制定、执行和推进要基于人民的主体地位，体现人民的意志。在现代化进程中，乡村从来不是处于从属地位，党的十九大报告对乡村治理工作的开展给予明确指示，提出要"加强农村基层基础工作，健全自治、法治、德治相结合的乡村治理体系"。[②] 回应了当前在国家治理现代化背景下开展乡村治理的方式手段。

综上所述，"乡村治理现代化"即按照治理现代化发展的要求推进乡村治理，使乡村治理主体、治理结构、治理方式等向现代化转型。乡村治理现代化从本质上来讲就是真正实现农民当家做主，以农民群体的自由全面发展为目标，综合运用传统治理资源和现代治理手段，推动政府治理、社会调节、村民自治良性互动。因此，推进乡村治理现代化必须坚持农民主体原则，"坚持民事民议、民事民办、民事民管，充分尊重农民、依靠农民、组织农民，切实发挥农民在乡村治理中的主体作用"。[③] 从治理主体上来看，乡村治理现代化的治理主

[①] 吴理财主编：《中国政府与政治》，华中师范大学出版社2016年版，第156—157页。
[②] 习近平：《决胜全面建成小康社会 夺取新时代中国特色社会主义伟大胜利——在中国共产党第十九次全国代表大会上的报告》，人民出版社2017年版，第32页。
[③] 《多部门关于开展乡村治理体系建设试点示范工作的通知》，中国政府网，https://www.gov.cn/xinwen/2019-07/02/content_5405306.htm。

体为"多元共治",基本包括基层党组织、村民自治组织、村务监督组织、集体经济组织等;从治理结构上来看,乡村治理现代化遵循共建共治共享的社会治理格局,即"党委领导、政府负责、社会协同、公众参与、法治保障、科技支撑";就治理方式上而言,乡村治理现代化强调构建"自治、法治、德治"相结合的乡村治理体系,以"三治"融合、协同发展和"互联网+"为手段,加强乡村民主法治建设,筑牢乡村内部道德体系,提高乡村治理效能,不断增强广大农民的获得感、幸福感、安全感。依据"乡村治理"与"治理现代化"的内涵界定,可以将乡村治理现代化理解为:在适应治理现代化基本趋势和发展要求下,依据中国式现代化进程中国家治理总体战略以及乡村治理的历史发展和实践逻辑,在基层党组织的全面领导下,村党组织、村民自治组织、集体经济组织等多元治理主体坚持农民主体原则,通过合作、协商,不断健全自治、德治、法治相结合的乡村治理体系,提升乡村治理能力,推进乡村治理制度化、民主化、法治化、德教化。

(二) 乡村社会治理现代化的实现路径

乡村社会治理现代化的建设是党和国家推进基层治理体系与治理能力现代化的基础性工程,只有多主体共同参与才能更好地推进乡村社会治理现代化进程,实现乡村社会的可持续发展和社会和谐稳定。

1. 完善村党组织领导乡村治理的体制机制

建立以基层党组织为领导、村民自治组织和村务监督组织为基础、集体经济组织和农民合作组织为纽带、其他经济社会组织为补充的村级组织体系。村党组织全面领导村民委员会及村务监督委员会、村集体经济组织、农民合作组织和其他经济社会组织。村民委员会要履行基层群众性自治组织功能,增强村民自我管理、自我教育、自我服务能力。村务监督委员会要发挥在村务决策和公开、财产管理、工程项目建设、惠农政策措施落实等事项上的监督作用。集体经济组织要发挥在管理集体资产、合理开发集体资源、服务集体成员等方面的作用。农民合作组织和其他经济社会组织要依照国家法律和各自章程充分行使职权。

2. 增强村民自治组织能力

健全党组织领导的村民自治机制，完善村民（代表）会议制度，推进民主选举、民主协商、民主决策、民主管理、民主监督实践。进一步加强自治组织规范化建设，拓展村民参与村级公共事务平台，发展壮大治保会等群防群治力量，充分发挥村民委员会、群防群治力量在公共事务和公益事业办理、民间纠纷调解、治安维护协助、社情民意通达等方面的作用。

3. 支持多方主体参与乡村治理

加强妇联、团支部、残协等组织建设，充分发挥其联系群众、团结群众、组织群众参与民主管理和民主监督的作用。积极发挥服务性、公益性、互助性社区社会组织作用。坚持专业化、职业化、规范化，完善培养选拔机制，拓宽农村社工人才来源，加强农村社会工作专业人才队伍建设，着力做好老年人、残疾人、青少年、特殊困难群体等重点对象服务工作。探索以政府购买服务等方式，支持农村社会工作和志愿服务发展。

第二节　研究现状及述评

一　关于社会主义新农村建设中的农民主体作用的研究现状及述评

2005年10月11日，中国共产党第十六届中央委员会第五次全体会议通过《中共中央关于制定国民经济和社会发展第十一个五年规划的建议》，建设社会主义新农村是其中最引人注目的亮点之一。胡锦涛曾指出：建设社会主义新农村是"我们党在深刻分析当前国际国内形势、全面把握我国经济社会发展阶段性特征的基础上，从党和国家事业发展的全局出发确定的一项重大历史任务。""全党同志和全国上下要团结一心、扎实工作，真正使建设社会主义新农村成为惠及广大农民群众的民心工程，不断取得扎扎实实的成效。"① 随后，"社会主义新农村建设"也成了学术界的研究热点问题，国内外各学科专家和学者从不同的研究视角进行了大量的研究，形成了很多颇有价值的研究成果。

（一）国内相关研究现状

1. 关于社会主义新农村建设的研究

建设社会主义新农村，是在全面建设小康社会的关键时期、我国总体上经济发展已进入以工促农以城带乡的新阶段、以人为本与构建和谐社会理念深入人心的新形势下，中央作出的一个重大决策。自2005年12月31日，《中共中央 国务院关于推进社会主义新农村建设的若干意见》发出已有将近20年的时间，在这期间，社会主义新农村建设在中国大地上如火如荼地进行着，随着许多新农村建设改造工作的完成，农村的面貌发生了翻天覆地的变化。与此同时，学术界紧跟理论和实践的发展变化，关于社会主义新农村建设的成果层出不穷。当前，国内相关研究成果主要集中在以下几个方面：

一是从总体上梳理社会主义新农村建设理论与实践。

对于建设社会主义新农村的重大历史方位，学者们认为，需要从历史与现实相结合的角度深刻把握这一命题，建设社会主义新农村是我国全面建成小康社会、推进社会主义现代化建设、实现中华民族伟大复兴历史进程中的重大历史任务；是新世纪新阶段促进我国农业和农村发展的重大战略决策。② 从社会主义新农村建设、全面建成小康社会、社会主义现代化三者的关系上来看，社会主义新农村建设不仅

---

① 中共中央文献研究室编：《十六大以来重要文献选编》（下），中央文献出版社2008年版，第267、292页。

② 池泽新、黄敏：《建设社会主义新农村的重大历史方位》，《农业经济管理学报》2014年第1期。

是全面建成小康社会的重大战略任务,而且是社会主义现代化建设的重大战略部署。社会主义新农村建设作为一项长期历史任务,贯穿于社会主义现代化建设乃至实现中华民族伟大复兴的中国梦的历史进程之中。①

对于如何进一步深化社会主义新农村建设战略实践,有学者指出,我国是一个农业大国,农业是国民经济的基础,但目前某些地区农村经济发展仍然滞后,农业地位仍然薄弱,农民增收依旧缓慢,严重制约了国民经济的发展。因此,从农民创收增收、改善人居环境、提升农民幸福感、提高农村社会管理水平等方面关注新农村建设绩效提升的路径问题仍然势在必行。②还有学者对新农村建设的发展轨迹、模式研究等进行了比较分析,归纳出关于农村经济发展过程的内在逻辑、共性规律认识,并对新农村建设的区域模式进行了系统的比较研究,从而揭示出这些发展模式中提出加强新农村建设的重要经验。③

二是从不同视角研究社会主义新农村建设理论与实践。

党的十六届五中全会提出要按照"生产发展、生活富裕、乡风文明、村容整洁、管理民主"的要求扎实推进社会主义新农村建设,可见,社会主义新农村建设是一个包含农村经济建设、政治建设、文化建设、社会建设、生态建设和民主法治建设在内的科学体系,各方面相互促进、有机统一。

关于社会主义新农村建设中的农村基础教育问题,有学者指出,各地农村应该改变腐朽观念,创建和谐发展的良好教育环境;平衡城乡教育资源,引进优秀师资人才;大力落实教改政策,确保教育资金

---

① 池泽新、黄敏:《建设社会主义新农村的重大历史方位》,《农业经济管理学报》2014年第1期。
② 李伟:《社会主义新农村建设问题及对策研究综述》,《经济研究参考》2014年第6期。
③ 张晓辉、张献:《社会主义新农村建设模式变迁评述》,《东北师大学报》(哲学社会科学版)2013年第6期。

的合理利用以此推动社会主义新农村基础教育的稳步发展。① 关于乡村旅游开发与新农村建设的对接和互动,有学者指出,乡村旅游与社会主义新农村建设的主战场都在农村,主体都是农民,目标都是解决"三农"问题,因此,二者的对接与互动研究可以进一步丰富和提升乡村旅游开发的理论体系,填补研究空白;为乡村旅游开发和新农村建设拓宽新的领域,提供新的开发与建设模式。② 有的学者着眼于分析社会主义新农村建设制度公平的含义,指出,只有以制度公平为基础的新农村建设,才能将中国社会引向共同富裕,才能实现全面建成小康社会的目标。③ 还有的学者强调了社会主义新农村生态文明建设的重要性,指出,我国农村的日常生活中存在较严重的污染问题,要在农村推广生态文明建设,树立生态文明观念,促进人与自然和谐相处,从根本上探讨了其制约性的因素,从而找出解决措施来加强社会主义新农村生态文明建设。④

2. 关于社会主义新农村建设中的农民问题研究

一是关于社会主义新农村建设中农民主体作用的研究。

学术界普遍认为,充分发挥农民的主体作用不仅是社会主义新农村建设成功推进的关键,更是解决中国农村社会问题的根本之道,学者们分别从新农村建设中农民主体作用发挥的动力源泉、制度保障以及农民主体与政府主导的关系等方面进行了相关研究。关于农民主体作用发挥的动力源泉,有学者通过研究指出,要构建农民主体性发挥的动力源泉,培育社会主义新型农民,必须育就农民积极的生存价值

---

① 吉利:《推动社会主义新农村基础教育发展策略研究》,《山东社会科学》2015年第S2期。

② 高静、童索凡:《乡村旅游开发与社会主义新农村建设的对接与互动研究》,《开发研究》2014年第5期。

③ 陈碧钦:《社会主义新农村建设中制度公平的理论基础及意义》,《福建论坛》(人文社会科学版)2014年第10期。

④ 何珊:《社会主义新农村生态文明建设的思考》,《农业经济》2013年第12期。

观、科学的生产发展观、文明健康的生活富裕观。① 有学者提出了新农村建设中以制度创新促进农民主体作用发挥的重要依据，指出新农村建设中制约农民主体作用发挥的主要制度缺陷，着重探讨户籍、土地、教育、财政金融、社会保障等方面的制度创新。② 关于农民主体作用发挥的载体，有学者特别关注了农民专业合作组织的作用，指出以农民专业合作组织为载体，提高农民的组织化程度，进而使农民发挥主体作用，推进以农民为主体的农民现代化、农业产业化、乡风文明化、乡村民主化，是建设社会主义新农村的现实选择。③

二是关于社会主义新农村建设中新型职业农民培育的研究。

近年来，随着社会主义新农村建设的不断深入，对于农民群体发展问题的关注也越来越多，"新农民""新型农民""新型职业农民"等成为学术界重点研究的对象。关于社会主义新农村发展进程中如何看待新型职业农民，有学者指出，必须重视农业、农村、农民三者之间的关系并妥善处理相关问题，提高农民素质，培养"有文化、懂技术、会经营"的新型农民。④ 有的学者关注到农民的公共意识问题，认为具有现代公共意识是新型职业农民必须具备的基本素质，而要培育农民的公共意识，关键在于解决好两个方面的问题：一要明确我国农民公共意识培育的启动主体是政府，要充分发挥政府在农民公共意识培育中的主导作用；二要明确我国农民公共意识培育的主要途径是教育，要充分发挥教育在农民公共意识培育中的核心作用。⑤ 要在尊

---

① 曹召胜、谭德宇：《新农村建设中农民主体性发挥的动力源泉》，《湖北民族学院学报》（哲学社会科学版）2015 年第 4 期。
② 杜立芳：《新农村建设中的制度创新与农民主体作用的发挥》，《兰州大学学报》（社会科学版）2012 年第 6 期。
③ 万秀丽：《农民专业合作组织：发挥农民主体性作用的重要载体》，《宁夏社会科学》2011 年第 3 期。
④ 包春霞、金迪：《社会主义新农村发展进程中如何看待新型职业农民》，《农业经济》2017 年第 4 期。
⑤ 孙翱翔、秦颖慧：《社会主义新农村视野下农民公共意识的培育》，《商业时代》2014 年第 26 期。

重农民主体地位的基础上,努力加强我国农民道德教育,提高农民的综合素质,以科学的价值观和发展观指导社会主义新农村建设。① 还有些学者关注到了返乡农民工作为新型农民的一部分,其与新农村建设的关系,指出农民工返乡创业解决了农村对于具有较高素质的现代农民的需求,并将民主、文明之风带回农村,推动了社会主义新农村建设。② 关于政府与农民的关系问题,有学者指出,新农村建设应该是一个政府主导和农民主体的博弈过程,需要建立起政府主导和农民主体的博弈机制,通过增加财政投入、转变政府职能、提高农民组织化程度、培养新型农民,使农民接纳、应承政府的主导作用,让政府主导和农民主体的着力点一致起来、融合起来,形成良性互动。③

(二) 国外相关研究现状

社会主义新农村建设属于具有鲜明中国特色的推进农村发展和建设的重要举措,因此,虽然国外有些学者也关注了中国新农村建设的问题,但是具体聚焦新农村建设中的农民主体研究的学术成果几乎没有。但是,农村建设问题是各个国家都普遍重视的发展问题,也是在实现传统农业向现代农业转变过程中必须解决的问题,因此,国外关于保护农业、支持农民发展、保障农民权益、调动农民积极性的做法及其研究比较多,对于本书具有一定的借鉴意义。

一是韩国的相关做法及其研究。1980年,韩国新村运动完成了由政府主导、民间自主到完全由民间主导的过渡,这场运动取得胜利最大的原因是"官民共建",而且政府对农民的扶持没有简单地停留在财政支持上,而是重在激发农民自身的潜能以"勤勉、自助、合作"为主旨倡导精神文化方面的建设。一方面,社会各界的积极参与也推

---

① 李达理:《社会主义新农村建设过程中的农民道德问题探究》,《学术交流》2013年第S1期。
② 张秀娥、孙中博:《农民工返乡创业与社会主义新农村建设关系解析》,《东北师大学报》(哲学社会科学版)2013年第1期。
③ 杨泽娟:《新农村建设中政府主导与农民主体的博弈——以江西网形村为例》,《求实》2008年第12期。

动了新村运动的开展。其中，韩国农协作为一个为农业生产和农民生活服务的综合性组织，在新农村建设中发挥着重要的作用。[①] 另一方面，"精神启蒙"也是新村运动的一项重要内容。韩国政府在各地设立培训机构，对农民进行文化教育和职业技能的培训，一些地方的领导者与农民同吃同住，共同讨论，既有利于官民之间的感情培养，也有利于新村运动的领导者贴近群众，倾听农民心声。重要的是，在这场运动中形成了民族自立和实业报国的国民精神，提高了民族团结的意识，为韩国经济持续发展做出了巨大的贡献。

二是日本的相关做法及其研究。日本曾先后于20世纪年代中期和年代后期两次大力推进新农村建设。在推进两次新农村建设过程中，政府在制度上支持活动，但不替居民做规划建设决定，农民对于希望将自己的农村发展成什么样及如何发展，由他们自行商量、自己提出，完全由农民自动自发地主导，并结合当地农村特点与相关单位自行计划、建设，只是要求在建设上应保有其传统特色，包括其历史性产物及人文等。另外，日本对农民及农村干部的大力教育培训，日本有着完善的农业教育体系，有多所专门的农业大学，培训对象是高中或同等学力毕业后已独立从事家庭农业的农民，教学内容与当地推广的技术、社区农业、经济紧密结合，针对性、实用性极强。

（三）国内外相关研究现状述评

农民与中国现代化历史进程共命运。培养和造就亿万新型农民，使之成为新农村建设和现代化建设的主体，使他们能够持续地、最大限度地发挥主体能动作用，是我国目前面临的紧迫而又根本的任务之一，也是社会主义新农村建设能否最终成功的关键所在。因此，社会主义新农村建设中的农民主体问题得到了社会各界的广泛关注，产生了很多重要的理论成果，对于相关研究的深入进行奠定了坚实的理论

[①] 石磊：《"三农"问题的终结：韩国经验与中国"三农"问题探讨》，江西人民出版社2005年版，第117—119页。

研究基础。从国际上来看，发达国家和发展中国家都有新农村建设的任务，国外也有对新农村建设的研究。我们可以学习与借鉴国外依靠农民、发挥农民主体作用、促进农民积极主动地参与到新农村建设中来的一些成功案例与经验。

科学梳理上述学者、专家的研究成果，不难看出，很多学者对社会主义新农村建设中发挥农民主体作用的问题进行了相对具体、科学且深入的阐述，从不同的理论侧重点出发阐明了农民在新农村建设中的主体地位问题，这些研究成果对于本书的写作具有很大的借鉴意义。但是，社会主义新农村建设只有进行时，没有完成时，这是一个不断探索的实践过程，在实践的同时也会有新的理论问题不断出现，所以，对于新农村建设中农民主体作用问题的研究仍存在一定的理论研究空间和研究价值。

二 关于脱贫攻坚同乡村振兴有效衔接中农民主体作用的研究现状及述评

随着脱贫攻坚工作取得决定性胜利，关于脱贫攻坚同乡村振兴有效衔接中的各方面问题逐渐受到理论界和学术界的高度关注，并开展了广泛而深入的研究。全面系统总结和梳理国内外关于脱贫攻坚同乡村振兴有效衔接中农民主体地位相关研究现状，合理借鉴学术界现有的研究成果，并在此基础上发现有待充实的研究空间，为本书进行更加深入细致的研究奠定较好的学理基础。

（一）国内相关研究现状

1. 关于脱贫攻坚同乡村振兴有效衔接的研究

2018年《中共中央、国务院关于实施乡村振兴战略的意见》中指出要"做好实施乡村振兴战略和打好精准脱贫攻坚战的有机衔接"。[①]

---

① 中共中央文献研究室编：《十九大以来重要文献选编》（上），中央文献出版社2019年版，第173页。

此后，理论界、学界开始关注脱贫攻坚同乡村振兴有效衔接的相关问题，较为深入细致地阐述了脱贫攻坚同乡村振兴有效衔接的逻辑关系、现实困难及衔接路径等内容，形成了一系列有代表性的研究成果，对于推进脱贫攻坚同乡村振兴稳步衔接具有重要的理论意义和实践意义。当前关于两大战略有效衔接的研究，不同的学者有不同的观点，基于不同的研究视角，这些研究成果大体可以归纳为以下几个方面。

第一，关于两大战略衔接逻辑关系的研究。逻辑关系反映的是两大战略有效衔接的必要性和可行性，研究脱贫攻坚同乡村振兴有效衔接必须把握和厘清二者内在逻辑关系。不同的学者从不同的角度对这一问题予以解读。从战略目标看，脱贫攻坚同乡村振兴的阶段性目标不同，但最终目标指引是一致的，具有层次递进性，二者"紧扣'两个一百年'奋斗目标，本质上都是为建成社会主义现代化强国，实现共同富裕"。[1] 有学者基于脱贫攻坚同乡村振兴治理内容分析战略目标，提出脱贫攻坚向乡村振兴的过渡是"从绝对贫困到相对贫困的变动与提升"[2]，脱贫攻坚聚焦解决绝对贫困问题，而乡村振兴则关注相对贫困的治理，相对于脱贫攻坚，乡村振兴任务目标更具有综合性，表现出二者在战略目标上阶段性和延续性的统一。从战略进程看，乡村振兴并不是另起炉灶，而是在脱贫攻坚的基础上接续推进。有学者认为脱贫攻坚同乡村振兴在实践过程中不是相互割裂的，而是前后相继，共同致力于解决"三农"问题实现农业农村现代化。[3] 脱贫攻坚以消除绝对贫困为战略目标，是"三农"工作的首要任务，而乡村振兴是脱贫攻坚的深化和继续，努力让脱贫群众过上更加美

---

[1] 汪三贵、冯紫曦：《脱贫攻坚与乡村振兴有效衔接的逻辑关系》，《贵州社会科学》2020年第1期。

[2] 黄祖辉、钱泽森：《做好巩固拓展脱贫攻坚成果同乡村振兴有效衔接》，《南京农业大学学报》（社会科学版）2021年第6期。

[3] 姜正君：《脱贫攻坚与乡村振兴的衔接贯通：逻辑、难题与路径》，《西南民族大学学报》（人文社会科学版）2020年第12期。

好的生活，实现农业农村现代化。从战略内容看，脱贫攻坚的多维治理契合乡村振兴的发展需要。有学者从"五个一批"脱贫路径和五大振兴战略内容出发，提出"脱贫攻坚同乡村振兴都是围绕'三农'问题提出的重大决策，两者在战略内容和范围上具有较高的耦合度"。① 都强调产业发展、人才培育、组织建设、生态文明等方面，体现为两大战略内容上的共融关系。从工作主体看。无论是脱贫攻坚还是乡村振兴，都强调多方主体共同参与。有学者认为脱贫攻坚同乡村振兴的主体一致，"党政主导、社会参与、农民主体协同参与，既是实现脱贫攻坚战略的基础，也是推动乡村振兴实践的重要力量"。② 两大战略在目标主体、实施主体、参与主体等层面均具有相通性。

第二，关于有效衔接现实困境的研究。系统剖析脱贫攻坚同乡村振兴有效衔接的现实困难，对于推动二者有效衔接具有重要价值。学界对这一问题进行了深入细致的研究，主要集中在以下四个方面。一是体制机制衔接难。有学者认为，脱贫攻坚已经形成了完善的体制机制，而乡村振兴仍处于具体规划部署的过程中，因此，存在体制机制衔接不畅的难题，具体体现在"衔接政策匮乏、组织衔接难、项目规划协调难"③。二是产业发展升级难。有学者认为，产业扶贫实施以来取得了良好的效果，为乡村产业振兴奠定了良好的基础，但仍存在着"乡村产业同质化竞争严重、产业特色不明显、科技创新不足、产业链条不稳定等问题"④，导致产业扶贫与产业兴旺有效衔接存在一定的

---

① 李楠、黄合：《脱贫攻坚与乡村振兴有效衔接的价值意蕴与内在逻辑》，《学校党建与思想教育》2020 年第 22 期。
② 颜德如、张玉强：《脱贫攻坚与乡村振兴的逻辑关系及其衔接》，《社会科学战线》2021 年第 8 期。
③ 豆书龙、叶敬忠：《乡村振兴与脱贫攻坚的有机衔接及其机制构建》，《改革》2019 年第 1 期。
④ 张润泽、胡交斌：《脱贫攻坚同乡村振兴有效衔接的现实问题与逻辑进路》，《甘肃社会科学》2021 年第 6 期。

困难。三是政策转移难。有学者认为,脱贫攻坚同乡村振兴相比存在较大的差异,存在脱贫攻坚同乡村振兴不同治理体系转换难题,即脱贫攻坚形成的治理框架能否服务于乡村振兴。① 有学者认为脱贫攻坚结束后,贫困边缘户的贫困问题将凸显出来,因此,不能将特惠性政策一下全部取消,如何实现资源在特惠与普惠之间兼容就成为一大难点。② 四是内生动力难激发。农村基层党员干部和农民的内生动力对于脱贫攻坚同乡村振兴能否实现顺利衔接至关重要。有学者认为,衔接过程中农民内生动力难以激发,主要在于"农民异质性增强,调动全部农户的积极性较难;政府主导与农民主体关系难以协调;部分贫困户自我脱贫意愿不强,仍然存在着较为严重的'等靠要'思想"。③ 同时个别基层干部思想懈怠,出现了工作厌倦的情绪,④ 严重阻碍了有效衔接的进程。

第三,关于有效衔接路径的研究。关于衔接路径的研究,学者多从脱贫攻坚同乡村振兴战略内容入手进行解析。一是促进产业减贫及升级。有学者认为,要加大对脱贫地区的产业支持、大力发展特色农业、积极培育新型农业经营主体、大力支持龙头企业发展等措施促进产业提档升级⑤。有学者提出要探索小农产业发展,"通过构建巢状市场作为交易载体,直接实现与城市消费者的对接"。⑥ 二是强化人才培

---

① 左停:《脱贫攻坚与乡村振兴有效衔接的现实难题与应对策略》,《贵州社会科学》2020年第1期。

② 涂圣伟:《脱贫攻坚与乡村振兴有机衔接:目标导向、重点领域与关键举措》,《中国农村经济》2020年第8期。

③ 豆书龙、叶敬忠:《乡村振兴与脱贫攻坚的有机衔接及其机制构建》,《改革》2019年第1期。

④ 张润泽、胡交斌:《脱贫攻坚同乡村振兴有效衔接的现实问题与逻辑进路》,《甘肃社会科学》2021年第6期。

⑤ 尹成杰:《巩固拓展脱贫攻坚成果同乡村振兴有效衔接的长效机制与政策研究》,《华中师范大学学报》(人文社会科学版)2022年第1期。

⑥ 豆书龙、叶敬忠:《乡村振兴与脱贫攻坚的有机衔接及其机制构建》,《改革》2019年第1期。

养与提升。人才是能否有效衔接的关键因素。有学者提出要坚持"内育"与"外引"相结合,大力实施各类人才支持计划,加大外部人才引进和激励机制,加大对乡村自有人才的培训培育力度,为乡村振兴提供坚实的人才支撑和智力保障。[1] 三是推动文化减贫与振兴。有学者认为,应"以社会主义核心价值观为引领"[2]培育文明新风、良好家风、淳朴民风,改善农民的精神风貌。有学者从文化产业发展出发,认为既发挥文化产业的经济效应,也发掘利用其文以化人、文化熏陶的引领塑造作用。[3] 四是坚持绿色减贫与发展。有学者从观念、内容、方法三个方面分析了生态扶贫与生态振兴的衔接路径,以"两山"理念为指导,实现生态保护与经济发展共赢;以生态农业化和农业生态化相统一促进贫困地区绿色发展;完善相关法律法规保证绿色发展和环境保护政策切实落地。[4] 五是促进组织衔接与强化。有学者认为,实现两大战略有效衔接要强化乡村治理的组织领导与机制建设,实现以党建促乡村振兴,落实五级书记抓乡村振兴的机制。[5] 有学者认为,解决村级领导班子弱化的问题是实现乡村振兴的长远之计,为此,"必须把提升村'两委'干部的领导能力放在首位"。[6] 发挥党组织引领作用。

第四,关于衔接政策体系的研究。脱贫攻坚同乡村振兴有效衔接的关键在于完善顶层设计,做好政策体系衔接。脱贫攻坚同乡村振兴有效衔接的政策涉及承接、转换、创新的过程,政策衔接的动态性和

---

[1] 廖彩荣等:《协同推进脱贫攻坚与乡村振兴:保障措施与实施路径》,《农林经济管理学报》2019年第2期。
[2] 曹立、王声啸:《精准扶贫与乡村振兴衔接的理论逻辑与实践逻辑》,《南京农业大学学报》(社会科学版)2020年第4期。
[3] 廖彩荣等:《协同推进脱贫攻坚与乡村振兴:保障措施与实施路径》,《农林经济管理学报》2019年第2期。
[4] 张琦:《稳步推进脱贫攻坚与乡村振兴有效衔接》,《人民论坛》2019年第35期。
[5] 尹成杰:《巩固拓展脱贫攻坚成果同乡村振兴有效衔接的长效机制与政策研究》,《华中师范大学学报》(人文社会科学版)2022年第1期。
[6] 邓磊、罗欣:《脱贫攻坚与乡村振兴衔接理路探析》,《江汉论坛》2020年第2期。

实效性较强。在政策供给方面，有学者认为应将特定的帮扶政策逐渐转变为常态化民生政策，政策供给由物质帮扶向能力提升转变。① 在政策内容上，学界主要围绕政策的承接、转换、创新的思路提出相应的政策建议。有学者在全面系统梳理现有政策的基础上，将其分类对接，按照"防止返贫类政策、产业就业类政策、公共服务类政策、兜底保障类政策、区域开发类政策和城乡改革类政策"② 进行整合，并提出具体的政策衔接路径。有学者从各个脱贫地区的发展实际出发，认为要重点将脱贫攻坚中的特惠性、阶段性政策与乡村振兴的普惠性、长期性政策相衔接。③

2. 关于发挥农民主体作用的研究

百年来，中国共产党始终高度重视农民主体作用。关于发挥农民主体作用的研究一直以来都是学术界的热点话题，与本书相关的主要有以下三个方面的研究：

第一，党的十八大以来，习近平总书记围绕"三农"问题作出系列重要论述，将农民问题作为"三农"问题中的核心问题，多次强调要坚持农民的主体地位，体现了"以人民为中心"的价值取向。学界对习近平总书记有关"三农"问题的重要论述中"农民主体地位"的问题作了初步梳理和研究。有学者认为，习近平总书记有关"三农"问题的重要论述强调农民主体观由逻辑基础、理论蕴含、实践向度三部分构成，"呈现出'为什么要坚持农民主体''如何理解农民主体''怎样坚持农民主体'的清晰理路"。④ 有学者从价值维度分析认为习近平总书记有关"三农"问题的重要论述明确了"三农"工作

---

① 邓婷鹤、聂凤英：《后扶贫时代深度贫困地区脱贫攻坚与乡村振兴衔接的困境及政策调适研究——基于H省4县17村的调查》，《兰州学刊》2020年第8期。

② 高强：《脱贫攻坚与乡村振兴有效衔接的再探讨——基于政策转移接续的视角》，《南京农业大学学报》（社会科学版）2020年第4期。

③ 张晖：《脱贫攻坚与乡村振兴有效衔接的内在意蕴与实践进路》，《思想理论教育导刊》2021年第7期。

④ 钱正武：《习近平农民主体观理路探析》，《长白学刊》2019年第1期。

"为了谁"的问题,提出:"亿万农民群众是实现农业农村现代化的主体,是新形势下推动'三农'工作的力量源泉。"① 有学者研究认为:"农民是乡村的建设者,是强农富农的主体,是发展'三农'的源头活水,也是'三农'发展的推动力量。"②

第二,关于脱贫攻坚中贫困群众内生动力的研究。脱贫攻坚过程中,中国共产党始终高度重视贫困地区和贫困群众的内生动力,坚持调动广大贫困群众的积极性和主动性。学术界对此进行了深入研究,与本书相关的研究主要围绕脱贫攻坚过程中激发群众内生动力的重要性以及发挥农民主体作用的经验两个方面。其一,关于激发贫困群众内生动力价值意蕴的研究。有学者根据精准扶贫的目标认为摆脱贫困并不仅是摆脱物质的贫困,更重要的是摆脱思想和意识的贫困,强调"激发内生动力是扶贫脱贫的根本目标"③,充分说明了激发贫困群众内生动力在脱贫攻坚过程中的重要作用。有学者认为贫困群众的内生动力是实现脱贫致富的重要因素,也是实现脱贫成效稳定可持续的重要保障④,强调要依靠群众主体力量实现脱贫致富。其二,关于发挥农民主体作用经验的研究。有学者通过典型案例分析了脱贫攻坚过程中激发内生动力的生动实践,强调要进一步对贫困群众进行培训教育、提高劳动技能培训的针对性、创新基层干部培训方式、增加贫困群众参与能力、加强基层党组织建设等方面激发内生脱贫动力。⑤ 有学者在深入探讨脱贫内生动力与内生偏好及社会规范相关理论关联的

---

① 徐田、苏志宏:《习近平新时代"三农"战略思想的三维解析》,《求实》2018年第5期。
② 阎占定:《习近平"三农"思想研究》,《中南民族大学学报》(人文社会科学版)2017年第4期。
③ 黄承伟:《激发内生脱贫动力的理论与实践》,《广西民族大学学报》(哲学社会科学版)2019年第1期。
④ 薛刚:《精准扶贫中贫困群众内生动力的作用及其激发对策》,《行政管理改革》2018年第7期。
⑤ 黄承伟:《激发内生脱贫动力的理论与实践》,《广西民族大学学报》(哲学社会科学版)2019年第1期。

基础上，从观念重塑、行为激励与社区再造三方面提出激发内生动力的治理和干预路径。① 还有学者通过分析伟大民族精神对推动扶智扶志的重要作用，强调要以伟大民族精神激发贫困群众内生动力。② 总结、梳理和分析脱贫攻坚过程中发挥农民主体作用的经验有助于为衔接期内如何发挥农民主体作用提供经验参考。

第三，关于乡村振兴中农民主体作用的研究。目前，学术界对乡村振兴中农民主体作用进行了深度研究，主要围绕农民主体作用的内涵、农民主体作用发挥的困境及原因以及发挥农民主体作用的路径等方面展开研究。其一，关于农民主体作用内涵的研究。有学者在整理学界关于乡村振兴战略中坚持农民主体地位的本质内涵的基础上，认为农民是乡村振兴实践的参与主体、成果的享受主体、效果的评价主体。③ 不同学者多角度阐述农民主体性的内涵，为我们深入理解农民主体性提供了有益参考。其二，关于乡村振兴中农民主体作用发挥现实困境的研究。困境问题因其现实针对性成为学界研究的重点问题。客观来讲，农民主体作用发挥存在的问题是多样的，其产生的原因也是复杂的。有学者认为新时期农民"主体独立性缺乏、自觉性意识失衡、选择性范域窄化、创造性能力薄弱"④ 等主体性品质式微，制约主体作用发挥。有学者认为，农民大规模向城市流动造成中国农村主体缺位现象严重。⑤ 其三，关于乡村振兴中发挥农民主体作用路径的研究。关于发挥农民主体作用的对策，学者也展开了较为全面的研

---

① 刘欣：《内生偏好与社会规范：脱贫内生动力的双重理论内涵》，《南京农业大学学报》（社会科学版）2020年第1期。

② 张军成、李威浩：《以伟大民族精神激发贫困群众脱贫内生动力的实践探索》，《兰州大学学报》（社会科学版）2019年第6期。

③ 许伟：《新时代乡村振兴战略实施中"坚持农民主体地位"探研》，《湖北大学学报》（哲学社会科学版）2019年第6期。

④ 王进文：《农民主体性在场的乡村振兴事业：经验局限与拓展进路》，《理论月刊》2020年第11期。

⑤ 贺芒、范飞：《脱域与回归：流动村民参与乡村振兴的困境与路径》，《湖北民族大学学报》（哲学社会科学版）2023年第2期。

究。一是推动农民回归农村。有学者强调优化乡村发展环境,激发乡村人才引培动力,既留住人才,又吸引人才,[1]为乡村振兴提供强大的力量支撑。二是培育农民主体意识。有学者认为,要规范村民自治过程,监督权力运行,从体制机制上破除抑制农民主体意识的障碍。[2]有学者认为要"在村庄中树立人物典型和人格榜样"[3],并采取激励惩罚机制来发挥榜样带动作用,提升农民主体意识。三是增强农民自身权能。农民主体作用的发挥根本上取决于农民自身的能力与素质。有学者强调从增权赋能两方面提升农民主体性,通过保障农民的财产权利、政治民主权利以及提升合作能力、技能水平和文化选择能力,使农民真正成为乡村振兴的主力军。

(二)国外相关研究现状

虽然脱贫攻坚同乡村振兴有效衔接是具有中国特色的乡村建设战略,国外还没有可类比之例,还没有学者对其进行研究。但是无论是广大发展中国家还是发达国家,都在农村建设方面积累了许多经验。国外学者对农民主体地位、农村发展等问题的研究,取得了较为殷实的研究成果,为本书研究提供了丰富的借鉴资料。

1. 关于农民主体地位和作用的研究

国外众多学者都将人的要素及其衍生的人力资源作为乡村建设发展的主体。具有代表性的观点有,在国家减贫事业发展中,合作价值和原则为其提供了内在优势,因而要尊重穷人的主体性,合作社应向穷人开放,给予他们平等的权利,从而实现联合国提出的"公平增长"目标。[4]有学者通过比较分析中国与其他国家农民在农村建设中

---

[1] 李海金、焦方杨:《乡村人才振兴:人力资本、城乡融合与农民主体性的三维分析》,《南京农业大学学报》(社会科学版)2021年第6期。

[2] 梁丽芝、赵智能:《乡村治理中的农民主体性困境:样态、缘起与突破》,《中国行政管理》2022年第6期。

[3] 王进文:《农民主体性在场的乡村振兴事业:经验局限与拓展进路》,《理论月刊》2020年第11期。

[4] Simmons R., Birchall J., "The Role of Co-Operatives in Poverty Reduction: Network Perspectives", *The Journal of Socio-Economics*, 2008, pp. 2131–2140.

的作用，认为农民是经济增长的唯一最有活力的因素，并提出"把农民作为历史主体和政治行动者"的重要观点。[①] 有学者通过大量的例子证明了农民的技能和知识水平是提高农业生产率的关键因素，提出"人力资本作为农业经济增长的主要源泉"的重要论断，并主张增加对农民教育的投资，来提高农民进行农业生产的能力。[②] 日本学者关谷俊作认为，农民是农业生产和农村发展的主要力量，促进农村社会发展必须充分发挥农民的自主性和创造性。[③] 日本学者内山雅生深入研究了20世纪华北农村社会经济状况，认为农民始终是中国现代乡村发展的最基层的支持力量。[④]

2. 关于发挥农民主体作用路径的研究

梳理国外学者关于乡村发展经验的研究无疑对于本书的撰写具有重要的借鉴意义。国外学者从不同研究视角对如何发挥农民主体作用进行了较为深入的研究，集中体现在以下几个方面：

第一，提高农民自身发展能力。苏联学者 B. A. 吉洪诺夫[⑤]系统考察了农村工作人员社会经济结构变化的基本趋势，认为促进农业农村发展的关键在于加强对农村劳动资源的形成及其结构的改善，通过扩大和加强职业教育培训来培养"新型工作人员"，这是促进农村发展的重要动力。第二，转变农民的精神状态。法国学者孟德拉斯[⑥]系

[①] Friedman E., "What Do Peasants Really Want? An Exploration of Theoretical Categories and Action Consequences", *Economic Development and Cultural Change*, 1992, pp. 197–205.

[②] ［美］西奥多·W. 舒尔茨：《改造传统农业》，梁小民译，商务印书馆2011年版，第150—162页。

[③] ［日］关谷俊作：《日本的农地制度》，金洪云译，生活·读书·新知三联书店2004年版，第198页。

[④] ［日］内山雅：《二十世纪华北农村社会经济研究》，李恩民等译，中国社会科学出版社2001年版，第317页。

[⑤] ［苏］B. A. 吉洪诺夫：《发达社会主义的农业问题》，周新城等译，农业出版社1987年版，第472、477—487页。

[⑥] ［法］孟德拉斯：《农民的终结》，李培林译，社会科学文献出版社2010年版，第130—164、212—240页。

统研究了19世纪法国大革命以后农民社会的变迁及社会机制，认为农民受到传统思想观念及集体机制的束缚，习惯于缓慢的、常规的运行机制，一种新的事物只有不再新时才会被农民接受。因此，发挥农民作用的关键在于改造农民的传统观念和生产生活方式。韩国学者朴振焕[1]认为，韩国新村运动之所以取得巨大的成功，一个很重要的原因就是促进农民自身精神状态和态度的转变。政府在新村运动中的角色是引导农民参与到运动中，以农民形成的自组织来实施政府制定的各项决策，使一直处于贫困状态的农民有了自信心，参与新村运动的热情高涨。因此，要注重激发农民主义意识。第三，乡村要留住人。日本学者平松守彦[2]认为，乡村人口大量外流造成了日本乡村的日益衰落，为了振兴农村，必须留住乡村青年人才。政府要在农村发展产业，增加农业的附加值以此来扩大就业机会，振兴全县产业经济，使青年人定居家乡。第四，把农民动员和组织起来，发挥农民的集体作用。有学者研究了改善农业环境计划，研究结论得出，农民的学习过程、邻里效应和政策设计变化对农民决定是否长期参与农业生产具有重要影响。[3] 个体小农户很难成为乡村建设发展的主体，只有组织起来的农民才能充分发挥自身蕴含的巨大能动力量。

（三）国内外相关研究现状述评

从2018年中央一号文件首次提出做好实施乡村振兴战略与打好精准脱贫攻坚战有机衔接起，学界就从不同学科领域，运用不同研究方法集中阐释了相关的理论与实践问题，为进一步细化两大战略有效衔接研究打下一定的理论根基。通过梳理和分析学界关于脱贫攻坚同

---

[1] ［韩］朴振焕：《韩国新村运动——20世纪70年代韩国现代化之路》，潘伟光等译，中国农业出版社2005年版，第93页。

[2] ［日］平松守彦：《一村一品运动》，上海国际问题研究所日本研究室译，上海翻译出版社1985年版，第11页。

[3] Edi Defrancesco, Paola Gatto, Daniele Mozzato, "To Leave or Not to Leave? Understanding Determinants of Farmers' Choices to Remain in or Abandon Agri-Environmental Schemes", *Land Use Policy*, 2018, pp. 460 – 470.

乡村振兴有效衔接中发挥农民主体作用研究相关进展，可作出以下总结。一是对两大战略有效衔接逻辑关系进行深入分析，为推动两大战略有效衔接提供有效参考。二是对农民主体作用的内涵进行多维解读，明确乡村振兴对农民主体作用发挥提出的具体要求，为新时代促进农民主体作用发挥提供有力指导。三是对乡村振兴背景下如何提升农民主体性、发挥农民主体作用进行深入探索，为两大战略有效衔接背景下促进农民主体作用的发挥提供借鉴参考。

但囿于研究时间较短，仍存在一些不足之处有待深化。例如，学界对两大战略有效衔接的研究注重一般性研究，即衔接逻辑关系、现实难题、对策路径，研究视角较为单一。同时，较少提出具有针对性和可操作性的衔接路径，多为政策解读性探讨等；关于农民主体作用的研究，学界对农民在乡村建设中的主体作用达成了高度统一，并提出了提升农民主体性的对策路径。但基于动态视角分析，关于农民主体作用的研究仍存在不足。例如，在研究内容上，普遍忽视了提升农民主体性的历史成效，研究内容过于笼统，与特定的时代背景相脱节，相关研究缺乏系统性、整体性；关于脱贫攻坚同乡村振兴有效衔接中发挥农民主体作用的研究，当前学术界的研究仅停留在肯定农民在衔接中的主体地位，而对于两大战略有效衔接与农民主体作用的逻辑关系及衔接中发挥农民主体作用困境的研究少之又少。

三　关于乡村治理现代化中农民主体作用的研究现状及述评

（一）国内相关研究现状

国内学术界关于乡村治理的研究由来已久。20世纪80年代末，随着人民公社解体以及村民自治的推行，乡村治理问题就成为国家关注的重要议题和学术界关注的重要问题。党的十九大以来，党和国家围绕乡村振兴的系列战略部署明确强调要"坚持农民主体地位。充分尊重农民意愿，切实发挥农民在乡村振兴中的主体作用"①。在"坚持农民主体地位"的基本原则下，学界对乡村治理的研究范式开始由外部的"国家视角"转向内源式的"农民本位"②，并产生了一系列研究成果。从现有文献来看，学者对乡村治理现代化中农民主体作用的研究主要聚焦于科学内涵、现存问题、路径指向等方面。

1. 关于乡村治理现代化中农民主体作用科学内涵的研究

何为农民主体作用？梳理国内学者的观点发现，学者对"农民主体作用"的界定是将"农民"个体看作一个动态、发展系统中的构成要素，将"农民主体"作为"农民整体主体和集体主体"③进行研究的。在此基础上，学者们从理论和现实两个维度对乡村治理现代化中农民主体作用的内涵进行了阐释。就理论维度而言，马克思认为，"只有当人具有主体意识、主体能力并且现实地作用于客体的时候，他才能成为活动主体，具有主体性"。④ 主体性不是一个实体性的范畴，而是一个功能性的范畴，其主体功能的发挥表现为主体作用。由此来看，人的主体作用是在人作为主体作用于客体的实践中生成和发挥的。将农民主体作用置于乡村治理实践中，学者将农民主体作用解释为农民在乡村治理现代化中所展现的一些品质性特征。⑤ 农民主体的这些品质性特征属于农民内化的认知层级，它们相互促进、相辅相成，通过外化的行为表现共同作用于乡村治理实践。

从现实维度来看，有学者指出，乡村治理中的农民主体作用是指

---

① 《中共中央 国务院关于实施乡村振兴战略的意见》，《人民日报》2018年2月5日第1版。
② 王进文：《农民主体性在场的乡村振兴事业：经验局限与拓展进路》，《理论月刊》2020年第11期。
③ 隋筱童：《乡村振兴战略下"农民主体"内涵重构》，《山东社会科学》2019年第8期。
④ 袁本新、王丽荣：《人本德育论——大学生思想政治教育的人文关怀与人才资源开发研究》，人民出版社2007年版，第65页。
⑤ 陈学兵：《乡村振兴背景下农民主体性的重构》，《湖北民族大学学报》（哲学社会科学版）2020年第1期。

"农民群体在乡村治理中充分发挥其主观能动性，主动参与乡村治理实践，同时成为乡村治理成果的享有者和乡村治理成效的评价者"。①依据学者们对农民主体作用的内涵概括，可以发现农民主体作用的内涵应当包括认识主体、创造主体和价值主体三个维度。其中"认识主体"体现为农民的认知性、感知性，是农民参与乡村治理的主体意识，即自身能够感知到自己的主体地位、主体责任、主体权利和主体能力的一种自觉意识。②"创造主体"体现为农民的能动性、自主性，是农民认识和感知到自身参与乡村治理的需要后，发挥其主观能动性，积极参与乡村治理活动的治理行为。"价值主体"体现为农民自身价值和权益实现，是农民参与乡村治理行为实施后，自我评估其生活质量是否得以提高，民主权利和合法权益是否得到了充分保障。认识主体、创造主体、价值主体构成了农民参与乡村治理现代化的"主体性基底"③，它们互为因果、互相作用，交织作用于乡村治理现代化的实践进程。

2. 关于乡村治理现代化中农民主体作用发挥现存问题的研究

伴随着乡村治理由传统向现代的转型以及乡村振兴战略的实施，乡村治理中农民主体作用面临的困境日趋复杂。通过梳理学者们的观点，发现学者们从宏观制度因素、中观组织因素和微观个体因素三个层面归纳了农民主体作用发挥的现存问题。

从宏观制度因素来看，国内学者聚焦于农村的土地所有制、城乡二元制度壁垒、村民自治制度对乡村治理中农民主体作用的缺失问题进行了重点分析。一是城乡二元结构所形成的制度壁垒导致农村人口流失严重。有学者指出城乡二元结构形成的制度壁垒直接造成了公共

---

① 季雨亭、郑兴明：《浅论新时代乡村治理中的农民主体作用》，《云南农业大学学报》（社会科学版）2021年第3期。
② 谭德宇：《乡村治理中农民主体意识缺失的原因及其对策探讨》，《社会主义研究》2009年第3期。
③ 张云生、张喜红：《发挥农民的主体作用 助力乡村振兴战略实施》，《新疆社会科学》2021年第6期。

资源分配不公平和资源流动不平衡，农村青年人口因其萎缩的发展机会和选择空间而向城市转移，造成农村人口的结构化困境。[①] 二是村民自治制度尚不完善导致农民政治民主权利实现不充分。村民自治制度尚不完善使得农民没有真正参与乡村治理的权利，农民的政治民主权利实现不充分。

从中观组织层面来看，乡村治理组织功能弱化及组织关系紊乱是消解农民主体作用的重要因素。学者们从基层党组织、乡村自治组织、乡村社会经济组织等方面对农民主体作用的缺失问题进行了分析。一是基层党组织悬浮限制了农民自治主体能动性的发挥。有学者指出当前基层党组织存在一定程度上脱离群众、脱嵌于乡村治理体系的现象，导致其群众基础和合法性来源窄化，基层党组织对农民主体的政治启蒙角色缺位。二是村民自治组织功能异化导致农民权责主体地位被部分替代和"客体化"，农民难以根据自己的意愿和诉求、依靠自己的力量开展乡村治理。[②] 三是乡村社会经济组织培育不足导致农民组织合力弱化。有学者指出当前乡村治理组织体系中存在"乡村经济社会组织发育不全，存在功能定位不准、自身建设不力等问题"[③]。组织专业化水平和社会服务能力相对较低，导致农民群体公共精神缺失，阻碍了农民主体作用的良性发挥。

从微观个体层面来看，学者们从农民的主体意识和主体能力两个层面分析了农民主体作用存在的问题。一是农民主体意识淡薄。在传统农业社会，"小农给自己的价值定位是牺牲主我，将主我消融于客我之中"[④]。从目前来看，"传统思维定式与习惯力量的束缚作用尚未

---

① 吴春宝：《新时代乡村建设行动中的农民主体性功能及其实现》，《长白学刊》2022年第1期。
② 梁丽芝、赵智能：《乡村治理中的农民主体性困境：样态、缘起与突破》，《中国行政管理》2022年第6期。
③ 李三辉：《乡村治理现代化：基本内涵、发展困境与推进路径》，《中州学刊》2021年第3期。
④ 袁银传：《小农意识与中国现代化》，武汉出版社2000年版，第56页。

彻底消解"①，造成"依赖性强而主动性、创造性弱"②。二是农民的主体能力有限。学者们指出，农民主体作用的发挥从根本上取决于农民自身的素质和能力。但是目前来看，农民的文化素养、职业素养、法治能力等综合素质较低，导致其主体能力不足。首先，由于农民的文化素养较低，"他们在自我诉求和利益表达上存在明显的滞后性，习惯于'自上而下'的管理"③，缺少政治参与的主观能动性。其次，当前农民对生产要素的获取和驾驭能力尚不能支撑其在乡村治理现代化中发挥其主体作用。④ 最后，农民依法维权的能力仍然不足，农民在处理利益纠纷、政治参与、生产经营等问题时，不习惯运用法律手段解决问题，缺乏依法维权的意识。

3. 关于乡村治理现代化中农民主体作用发挥路径的研究

如何发挥乡村治理现代化中的农民主体作用？通过梳理学者们的观点发现，无论是宏观层面的制度供给赋权、中观的组织优化赋权还是微观层面的农民个体增能，解决农民主体作用缺失问题的核心是实现对农民的"赋权增能"。⑤ 学者们从以下几个方面提出了解决路径：

第一，通过外部的制度供给和政策支持，实现对农民的"制度赋权"。首先，落实以"组织化"为核心价值的土地集体所有制提高农民的组织化程度。有学者指出，集体土地所有制是改变村落碎片化、农民原子化和村庄关联度低下的托底制度。⑥ 农村青壮年农民短缺是

---

① 杨春娟：《乡村治理中农民主体性缺失问题分析——基于对河北农村的考察》，《经济论坛》2013年第2期。
② 王建国、朱天义、李传兵：《农民主体意识与农村公共文化服务体系的构建》，《重庆社会科学》2012年第9期。
③ 张云生、张喜红：《发挥农民的主体作用 助力乡村振兴战略实施》，《新疆社会科学》2021年第6期。
④ 吴春宝：《新时代乡村建设行动中的农民主体性功能及其实现》，《长白学刊》2022年第1期。
⑤ 王春光：《关于乡村振兴中农民主体性问题的思考》，《社会发展研究》2018年第1期。
⑥ 贺雪峰：《如何再造村社集体》，《南京农业大学学报》（社会科学版）2019年第3期。

当前甚至未来多数农村面临的主要困境,在此现状下,保证土地产权能够在农村集体所有制基础上对其进行细化和分割,发展农业生产规模化、集约化经营是实现农民自由全面发展的根本途径。[1] 其次,巩固以"自治性"为本质属性的村民自治制度赋予农民的政治权利。完善村民自治制度需要进一步加强农村基层民主建设,真正尊重、保障、落实农民的知情权、决策权、监督权等多种权利。[2] 最后,构建以"保护性"为新型特征的城乡融合制度强化农民的公民身份。通过建立城乡教育资源均衡配置机制、健全乡村医疗卫生服务体系、完善城乡社会保障制度,保障广大农民在教育、医疗、社会保障等方面的合法权益,扩宽农民群体的选择权利,进而留住和推进更多的农民群体回归乡村,实现乡村治理的主体在场。

第二,优化"一核多元"的乡村治理组织体系再造村社集体,以此提升农民个人与他人以及农民与组织的协作能力,实现对农民的"组织赋权"。首先,农村基层党组织的全面领导是实现农民主体作用的根本保证。基层党组织要在组织架构上实现单一型向多样型转变,在组织地位上完成由权力型向权威型转变,在组织功能上要实现从全能型向核心型转变,在领导方式上要推动从行政命令型转为管理服务型,加强党建引领,将分散化农民组织起来,共同推进乡村治理现代化。[3] 其次,完善村民自治组织。构建一个在村党组织领导下的职能明细的"1+4"综合自治组织。[4] 即由村委会承担乡村治理职责,农村集体经济组织、农村乡土文化组织、综合服务组织、农村监督委员会承担专业性职能的新型乡村基层共同体。最后,培育乡村社会经济合作组织。结合农民群体的地缘、血缘、业缘、趣缘,培育发展各类

---

[1] 隋筱童:《乡村振兴战略下"农民主体"内涵重构》,《山东社会科学》2019 年第 8 期。
[2] 陈晓莉、吴海燕:《增权赋能:乡村振兴战略中的农民主体性重塑》,《西安财经学院学报》2019 年第 6 期。
[3] 郭献功:《创新农村基层党建体制机制的若干思考》,《学习论坛》2011 年第 3 期。
[4] 刘碧、王国敏:《新时代乡村振兴中的农民主体性研究》,《探索》2019 年第 5 期。

服务性、公益性、互助性的社会组织，形成推动振兴乡村的集体合力。①

第三，进行农民的主体培育，提升农民个体认识和发展的能力，实现对农民的"个体赋能"。一方面，重塑乡村文化价值培育农民主体意识。坚持以社会主义核心价值观引领农民，推进社会教育和主流文化的传播，消解乡村治理中非正式制度和正式制度之间的不兼容性，促进整个乡村社会价值观念的变迁，实现农民主体意识的回归。②同时，丰富与创新乡村文化的现代价值和表现形式，形塑具有现代性价值和精神追求的乡村文化，实现乡村文化的创造性转化、创新性发展。另一方面，加强科学文化教育提升农民主体能力。加大对农村教育硬件设备和软件设施的投入，重视幼儿教育和义务教育，全面提升农村人口文化素质，为增强农民综合素质、提高农民主体意识提供坚实保障。③同时，针对农村人口的结构化困境，应加快新型职业农民队伍建设，培育出思想理念超前、有文化学习能力、擅长农业技能技术、了解市场运行、熟悉经营管理的复合型人才，为乡村治理现代化的推进提供强有力的人才保障和治理支撑。④

（二）国外相关研究现状

乡村治理现代化是每个国家或地区现代化进程必须经历的阶段，西方发达国家的现代化进程促使西方学者较早开启了对乡村现代化问题的研究范式，其中不乏涉及对农民主体及其作用的探讨。二战后，随着东亚部分国家乡村现代化进程的开启，国外学者对东亚地区的乡村治理实践展开研究，乡村治理现代化中农民主体作用的研究也开始

---

① 陈学兵：《乡村振兴背景下农民主体性的重构》，《湖北民族大学学报》（哲学社会科学版）2020年第1期。
② 李怀：《非正式制度探析：乡村社会的视角》，《西北民族研究》2004年第2期。
③ 陈兴宇：《弱化与重构：乡村振兴背景下农民参与乡村治理的主体性研究》，《安徽农业大学学报》（社会科学版）2019年第5期。
④ 周柏春：《乡村振兴的主体维度分析：以农民为视角的考察》，《农村经济》2019年第9期。

丰富起来。这些既有成果为我国乡村治理现代化中农民主体作用的研究提供了理论借鉴。

1. 关于乡村治理现代化中农民主体作用的内涵

国外学者们在对传统小农"有限理性"的探讨中发现了农民的主体作用，并逐渐认识到农民之于乡村建设或乡村发展的重要性。西方传统理论一般认为农民是自私保守、落后的象征，而非社会历史能动的建设者，对农民是否具有主体作用也持观望态度。在论述农民的主体作用时，西方学者以"传统小农"为研究对象，指出传统农民在各种主客观因素交织下，其主体作用表现为"有限理性"和"有限主体性"。美国政治学家斯科特在论述东南亚的"道义小农"时指出，由于农民承担风险的能力和意愿较低，他们通常因为追求基本生存保障的利益最大化而具有较强的保守性。[1] 随着各国传统农业的现代转型，传统小农的"有限理性"不断得以扩张。有学者意识到"为了转向现代化体系，农民应当完全成为他个人行为的主人"。[2] 同时更多学者看到了农民在乡村建设和乡村发展中的主体作用。基于此，国外学者从农村问题的不同领域考察了农民主体之于乡村发展和现代化转型的重要性。日本学者关谷俊作[3]在考察日本的农地制度时，将农地客体与农民主体相联系，指出农民承担着农业生产活动，是农村发展的支撑性力量，要最大限度发挥农民的自主性和创造性。Julia M. L. Laforge 和 Stéphane M. McLachlan[4]在对加拿大草原景观中土著农民和定居者农民的主体作用研究后指出，农民的行为、决策和管理可以塑

---

[1] [美]詹姆斯·C. 斯科特：《农民的道义经济学：东南亚的生存与反抗》，程立显等译，译林出版社2001年版，第16页。

[2] [法]孟德拉斯：《农民的终结》，李培林译，社会科学文献出版社2010年版，第113页。

[3] [日]关谷俊作：《日本的农地制度》，金洪云译，生活·读书·新知三联书店2014年版，第198页。

[4] Laforge, J. M. L. and S. M. McLachlan, *Environmentality on the Canadian Prairies: Settler-Farmer Subjectivities and Agri-Environmental Objects*, Antipode, 2018, pp. 359–383.

造当地的环境，农民主体作用的发挥会影响甚至改变国家政策。美国学者 Jean C. Oi 同样探讨了国家与农民关系的核心和村庄政治的过程，指出农民在面对不同的权力运作时有着自己独特的应对方式，普通农民拥有参与和影响政治过程和制度的能力，农民可以通过与村干部的一种庇护关系在地方决策中发出声音，并通过农民协会等合作组织获得有关改良生产技术的信息，以此发挥自我能动性，调节生产。[1]

2. 关于乡村治理现代化中农民主体作用的发挥

国外学者关于如何发挥乡村治理中农民主体作用的论述分散于对其国家乡村治理实践的研究中，如韩国的"新村运动"、日本的"造村运动"等。梳理国外学者对如何发挥乡村治理现代化中农民主体作用的观点，可以将其归纳为以下几个方面：

第一，注重农民文化启蒙，培育农民公共精神。安虎森、高正伍[2]提出韩国"新村运动"的主体是当地居民，该运动强调的是居民的勤奋、自强、合作精神，通过政府努力支持和农民自主发展相配合，共同推动和实现乡村治理的目标。朴振焕[3]指出韩国"新村运动"之所以取得成功，一个重要原因是促进了农民自身精神和态度的转变，通过对农民进行国民精神启蒙教育，改变农民落后的思想，启发农民的改革意识。金振钪[4]提到，"新农渔村建设"是一种以实事求是、自力更生和自律竞争为基本理念的"内生式发展"模式，其中克服农民的消极思想意识，激发其自主发展能力是关键，以此盘活乡

---

[1] 夏少昂：《中国乡村政治中的庇护主义——读戴慕珍的〈当代中国的国家与农民：乡村治理中的政治经济学〉》，《中国研究》2014 年第 1 期。

[2] 安虎森、高正伍：《韩国新农村运动对中国新农村建设的启示》，《社会科学辑刊》2010 年第 3 期。

[3] ［韩］朴振焕：《韩国新村运动——20 世纪 70 年代韩国现代化之路》，潘伟光等译，中国农业出版社 2005 年版，第 93 页。

[4] ［韩］金振钪：《韩国农渔村的希望——第三条道路：新农渔村建设》，李丽秋译，社会科学文献出版社 2006 年版。

村社会固有的活力,巩固乡村共同体。

　　第二,赋予农民权利,提高农民参与乡村治理水平。农民的权利和能力问题是其主体作用发挥的关键问题。Čechura L[①]在分析农村地区发展的经验时指出,农民是乡村发展的监督主体和管理主体,但在农民群体与负责乡村土地改造的组织之间的合作中,往往会忽视了农民的主体意愿和主体作用,农民有"权"无"力"导致农民主体作用未能充分发挥。Mannakkara 和 Wilkinson[②]同样认为下放权力可以使得社会主体积极参与到社区建设中,继而促进社区的发展。在乡村治理现代化的进程中,需要下放权力给农民并且尽可能多地满足农民群众的利益,只有这样农民的主体地位才能得到尊重,农民主体作用才能得以充分发挥。

　　第三,培育农民公共组织,构建新型乡村共同体。Lambert 等[③]指出,农民协会组织作为农民自治组织的重要组织形式,能够帮助农民成为自治和拥有自主意识的人。Luigi Orsi 等[④]在对乍得东部的农民进行调查后,指出农民协会在小农市场绩效中能够提供知识、生产和网络支持。农民合作组织的运行需要一定的问责机制对其进行规制,Robert M. Mbeche 和 Peter Dorward[⑤]指出,农民合作组织如果没有有效的问责机制和监督机制,就会被其中的少数精英所操控,使其成为有利于少数精英的制度和机制,无法代表农民群体的集体诉求,也无

---

① Čechura L., "Theoretical-Empirical Analysis of the Role of the SGAFF in Financing of Farmers Activities", *Agricultural Economics*, 2008, p. 64.

② Sandeeka Mannakkara, Suzanne Jane Wilkinson, "Supporting Post-Disaster Social Recovery to Build Back Better", *International Journal of Disaster Resilience in the Built Environment*, Vol. 6, 2015, p. 2.

③ Lambert M. Surhone, Mariam T. Tennoe, Susan F. Henssonow, *National Outstanding Farmer Association*, Betascript Publishing, 2011.

④ Luigi Orsi, Ivan De Noni, Stefano Corsi, Laura Viviana Marchisio, "The role of Collective Action in Leveraging Farmers' Performances: Lessons From Sesame Seed Farmers', Collaboration In Eastern Chad", *Journal of Rural Studies*, 2017, p. 51.

⑤ Robert M. Mbeche, Peter Dorward, "Privatisation, Empowerment and Accountability: What are the Policy Implications for Establishing Effective Farmer Organisations", *Land Use Policy*, 2014, p. 36.

法保障农民群众的集体权益。因此，要构建相应的问责机制维护农协会正常运行。

第四，吸引知识精英返乡，开展农民职业教育培训。日本"造村运动"的倡导者平松收彦①指出，为促进城乡均衡发展，就要把农村建成不亚于城市的强磁场，把青年人吸引在本地区，并由此推出了日本的"一村一品"运动。对于农民教育和培训的研究，Walder等②指出，提高教育水平以及培训和学习对农民的创新活动至关重要。同时，参与式的农民培训相较于传统农业推广培训方法效率更高，农民田间学校可以更好地推广农业技术，提高农民的农业技术水平。③

（三）国内外相关研究现状述评

国内外学者从不同视角对乡村治理现代化中农民主体作用的理论和实践展开了深入而广泛的研究，并取得了丰硕的成果，通过梳理和分析相关研究成果及其进展情况，可作出以下总结：一是既有研究从理论和现实两个维度对农民主体作用进行了具有启发性的内涵概括，为理解乡村治理现代化中农民主体作用的内涵提供了重要的理论支撑；二是既有研究从宏观制度层面、中观组织层面和微观个体层面对乡村治理现代化中农民主体作用发挥面临的困境及实践路径进行了较为系统的分析，为实现新时代农民主体进一步"增权赋能"提供了有益的指导和参考。学术界的这些研究成果为重塑乡村治理现代化中的农民主体作用提供了丰富的研究视角、理论依据以及实践支撑，但也

---

① ［日］平松守彦：《一村一品运动》，上海国际问题研究所日本研究室译，上海翻译出版社1985年版。
② Walder, Peter, Sinabell, "Franz Exploring the Relationship between Farmers Innovativeness and Their Values and Aims", *Tlsustainability*, 2019, p. 45.
③ Moayedi A. A., Azizi M., "Participatory Management Opportunity for Optimizing in Agricultural Extension Education", *Procedia-Social and Behavioral Sciences*, Vol. 15, 2011, pp. 1531–1534.

存在着进一步拓展和提升的空间，具体情况如下：

第一，当前学术界对农民主体作用的研究结论和成果主要集中于乡村振兴、新农村建设、城乡一体化等角度，针对"乡村治理现代化中农民主体作用"专题的研究相对较少，研究的系统性和针对性需要提升。目前，我国正在建立健全党组织领导的自治、德治、法治相结合的乡村治理体系和共建共治共享的社会治理格局，如何实现农民主体作用与现代乡村社会治理体系的契合问题需要进一步系统分析。

第二，既有研究在探讨农民主体作用的内涵时较多从哲学视角进行抽象叙述，结合乡村治理现代化阐释农民主体作用的"实然"研究较少，对乡村治理现代化中农民主体作用的内涵及表现界定还有待理清。此外，目前学界对乡村治理主体的多元化趋势给予了高度关注，但较多集中于对基层党组织、乡村自治组织、集体经济组织等组织性主体的探讨，对个体性主体如乡村精英也给予了关注，但是对普通农民群体的关注不足，对农民主体作用在推动乡村治理现代化过程中的地位作用还需加深。

第三，既有研究对农民主体作用发挥的现实困境分析较为全面，但对如何发挥农民主体作用的探讨仍显不足。在路径指向上，现有研究虽注意到乡土文化等柔性因素对农民主体价值观念的影响，但是对非正式制度的作用机理以及如何促进农民主体作用回归的研究尚显不足。在国家加大乡村治理正式制度供给的背景下，村规民约的价值和意义逐渐淡化，难以发挥其对农民主体作用的正向功能。如何将村规民约置于乡村治理实践，发挥村规民约在农民主体意识激发、主体行为规范、集体行动动员等方面的作用是需要进一步探讨的问题。

第一章 社会主义新农村建设中农民主体作用研究

第一节 社会主义新农村建设中农民主体作用的研究基础

一　社会主义新农村建设中农民主体作用研究的理论基础

关于农民主体作用的研究有其坚实的理论基础和深厚的理论渊源。研究社会主义新农村建设中的农民主体作用，需要关注马克思主义经典作家关于农民问题的重要论述，并梳理中国共产党历代领导人对于这一问题的重要论述，进而在此基础上进行深入的研究。

（一）马克思主义经典作家关于农民主体问题的重要论述

1. 马克思恩格斯的相关论述

在研究马克思和恩格斯的著作时，我们不难发现，马克思和恩格斯对农民问题的认识有一个由浅入深的过程。马克思最初关注农民问题是在《关于林木盗窃法的辩论》和《摩塞尔记者的辩护》这两篇文章中，初步公开地为政治上和社会上备受压迫的贫苦农民进行辩护。在《中央委员会告共产主义者同盟书》和《德意志意识形态》等书中马克思、恩格斯则指出由于农民具有一定的狭隘性、分散性、保守性和落后性，许多农民起义并没有结果，因此他们认为农民不是革命的主要动力。随后马克思、恩格斯在《共产党宣言》中把农民归为中间阶级并指出,"他们不是革命的,而是保守的""不仅如此,他们甚至是反动的,因为他们力图使历史的车轮倒转"①。

1848年的欧洲革命使马克思和恩格斯改变了他们对于农民的原有态度,开始把农民问题看作是关系到无产阶级革命能否取得胜利的至关重要的问题,并认为如果没有农民参加无产阶级革命,那么无产阶级革命就要孤军奋战。在《1847年的运动》中恩格斯指出:"毫无疑问,总有一天贫困破产的农民会和无产阶级联合起来,到那时无产阶级发展到更高的阶段,向资产阶级宣战。"② 这是他首次诠释工农联盟思想。1894年,在恩格斯的《法德农民问题》中对于农民问题的思考达到了一个成熟的顶峰,深刻阐述了农民的重要地位。

可见,马克思、恩格斯虽然没有直接提出"农民主体性"这一概念,但是他们却在关于农民问题的论述中将农民作为无产阶级革命的实践主体,对农民在生产生活和实践活动中的能动性、自觉性、自主性等主体性特质进行了论述和分析,展现了他们的农民主体思想。

2. 列宁的相关论述

第一次世界大战后期,列宁领导了著名的十月革命,成功建立起世界上第一个社会主义国家政权,并进行了艰苦的理论探索和实践创新,形成了内容丰富的关于苏俄正确解决社会主义建设中农民问题的思想。一是发展农民合作社。列宁在《论粮食税》一书中把合作社称作是国家资本主义的一种形式,认为"合作社这一商业形式比私人商业更有益",它"便于把千百万居民,尔后把全体居民,联合起来,组织起来"。③ 他认为合作社理论解决了小农经济向社会主义过渡的现实难题,是引导农民走向社会主义道路的最好形式;二是吸收优秀农民参政议政。列宁认识到农民阶级是社会主义国家的决定力量,因此

---

① 《马克思恩格斯文集》(第二卷),人民出版社2009年版,第42页。
② 《马克思恩格斯全集》(第四卷),人民出版社1958年版,第511页。
③ 《列宁选集》(第四卷),人民出版社1995年版,第522页。

在实行新经济政策这一时期，农民的政治地位大大提高，赋予了农民更多的权利；三是高度重视对农民的思想文化教育。列宁认为农民的文化素质普遍偏低也是制约苏维埃俄国发展与进步的原因，因此他深刻认识到提升农民文化素养的紧迫性，主张开展农民文化教育，提高农民的文化水平。

可以说，列宁农民思想渗透着人民创造历史的观念，闪耀着人民至上的唯物主义思想，发展了马克思主义农民观。

（二）中国共产党历代领导人对于农民主体问题的重要论述

中国共产党的百年历史，正是农民从主体意识觉醒到主体能力提升再到实现最广泛民主权利的过程。一代又一代的中国共产党领导人从未停止过从理论上研究和实践上解决农民问题。

1. 毛泽东同志的相关论述

以毛泽东同志为核心的党的第一代中央领导集体始终高度重视农民问题，在把握时代特征和实践要求的过程中，借鉴并汲取马克思主义经典作家关于农民问题的重要思想，在中国的革命和建设中形成了较为丰富、科学的农民观，成为中国共产党历史上农民问题理论至关重要的组成部分。

首先，提出走农业合作化道路的思想。毛泽东同志提倡走农业合作化道路，将广大农民的个体经济转化为集体经济，通过组织合作社的方式进行集体经营。其次，提出农业现代化思想。对于农业的发展，毛泽东同志认为不仅要将农民组织起来走集体化道路，而且同时要逐步实现农业现代化。最后，提出保障农民利益的思想。为了提高农民参与农业生产的积极性，毛泽东同志多次强调要维护农民的利益。一是要保障农民的政治利益。新中国成立之初，毛泽东同志就加强政权建设保证农民的民主权益。同时坚持和发展民主集中制，调动农民参与国家政治建设的积极性；二是要保障农民的经济利益。土地改革不仅使农民拥有了完整和独立的土地产权，满足了农民对土地的需求，促进了农民在经济和政治上的解放，更是推动了农业生产发展使得农民的经济收入和生活水平有所提高;三是要保障农民的文化利益。通过教育普及农民文化知识,重视农村文化教育事业发展,保障农民接受教育的权利。

综上所述,毛泽东同志始终站在农民的立场上,维护和保障农民的根本利益,使农民的主体地位在经济、政治上得到一定的体现,让农民成为农村生产生活的主体。毛泽东同志对于马克思主义农民问题的继承和发展,不仅为我国社会主义改造的顺利完成奠定了坚实的理论基础,而且为新时代坚持和提升农民主体地位夯实了实践经验。

2. 邓小平同志、江泽民同志和胡锦涛同志的相关论述

作为中国改革开放的总设计师,邓小平同志在继承毛泽东同志关于农民问题的思想基础上,结合当时中国社会主义建设的具体情况,对中国的农民问题进行了有益的探索,在一定程度上激发了农民参与农业生产和乡村建设的积极性,发展了农民主体地位。首先,调动农民发展生产的积极性。邓小平同志明确指出:"农民没有积极性,国家就发展不起来。"[①] 其次,尊重农民首创精神。邓小平同志高度赞扬农民的创造精神,认为实行家庭承包责任制和发展乡镇企业都是农民的伟大创造,并将这两项改革迅速推广到全国。最后,保障农民的生产经营自主权。邓小平同志指出,只有将自主权放给农民、交给基层,才能把农民和基层的积极性调动起来,农村社会面貌才能改变。

进入社会主义市场经济发展的新阶段,以江泽民同志为主要代表的中国共产党人继续发扬重视、尊重、爱护农民的优秀传统,从全面建设小康社会的大局出发,将解决好农业农村农民问题作为实现全面小康社会的关键一步。2002年,江泽民同志在党的十六大报告中指出:"统筹城乡经济社会发展,建设现代农业,发展农村经济,增加

[①] 《邓小平文选》(第三卷),人民出版社1993年版,第213页。

第一章 社会主义新农村建设中农民主体作用研究

农民收入,是全面建设小康社会的重大任务。"① 他认为增加农民收入、改善农民的生活水平是做好农民工作的实质要求。同时,江泽民同志也指出要保障农民的民主权利。扩大农村基层民主、保障农民的民主权利,有助于发挥农民积极性、促进农村文明建设、确保农村长治久安。

随着我国经济社会迈入新阶段,以胡锦涛同志为主要代表的中国共产党人对农民问题提出了许多新思想、新理论、新政策,丰富和发展了具有中国特色的农民思想。首先,将科学发展观作为解决农民问题的指导思想。坚持"以人为本"是科学发展观的核心内容。农民问题是"三农"问题的核心,解决农民问题就是要坚持"以人为本"的理念,就要在经济发展的基础上,不断提高农民的物质文化和精神文化水平,这在一定程度上促进了农民主体地位的发展。其次,对"三农"问题的重视提升到新的高度。2003年,胡锦涛同志首先在中央农村工作会议上提出要把解决好"三农"问题作为全党工作的重中之重。同时,在解决"三农"问题的过程中,胡锦涛同志始终重视并强调农民问题的重要性,认为只有充分发挥农民群众的主体作用,才是建设新农村的关键。最后,在社会主义新农村建设中尊重和维护农民主体地位。新农村建设从根本上来说是亿万农民的事业,党的十六届五中全会提出要充分发挥农民推进新农村建设的积极性、主动性和创造性,使建设新农村成为农民的自觉,突出农民主体地位。

3. 习近平总书记的相关重要论述

党的十八大以来,习近平总书记发表了一系列关于"三农"问题的重要论述,尤其强调了在实施乡村振兴战略的过程中坚持农民主体地位的重要性,坚持农民主体地位是贯穿习近平总书记关于"三农"

---

① 中共中央文献研究室编:《改革开放三十年重要文献选编》(下),中央文献出版社2008年版,第1251页。

▶▶▶▶ 乡村全面振兴中农民主体作用

问题重要讲话的一条主线，为全面解决我国新时代"三农"问题提供了重要理论指导。首先，将"以人民为中心的发展思想"作为解决农民问题的指导思想。坚持以人民为中心，既是以习近平同志为核心的党中央治国理政的价值取向，也是新时代坚持和发展中国特色社会主义的基本方略，必须在实践中加以践行。"三农"问题是践行以人民为中心的关键领域，农民是实现以人民为中心的目标群体。其次，解决新时代农民问题，需要坚持农民主体地位。农村经济社会发展，关键在人。既要"充分发挥亿万农民主体作用和首创精神，不断解放和发展农村社会生产力，激发农村发展活力"。① 又要"尊重农民意愿和维护农民权益，把选择权交给农民，由农民选择而不是代替农民选择，可以示范和引导，但不搞强迫命令、不刮风、不一刀切"。② 这些重要论述明确表明了新时代破解农民问题，必须坚持农民主体地位。最后，突出农民主体地位，要切实保障农民利益。2021年《中华人民共和国乡村振兴促进法》的颁布和实施深刻表明了在实施乡村振兴战略的过程中要将坚持农民主体地位，充分尊重农民意愿，保障农民民主权利和其他合法权益，维护农民根本利益作为基本原则，要通过法律的严格实施，将农民的各项权益落到实处，真正体现农民利益，增进农民福祉。

综上所述，马克思、恩格斯对于农民主体的认识由浅入深，做出了基本的论断；列宁在马克思、恩格斯关于农民主体的基础上深入研究，探索出符合俄国农民和社会主义发展的现实路径，形成了完整的列宁农民思想；中国历任领导人始终重视农民主体问题，以马克思主义基本原理为基础，结合中国具体国情，创造性地提出了富有中国特色的农民主体理论。

---

① 习近平：《论"三农"工作》，中央文献出版社2022年版，第158页。
② 习近平：《论"三农"工作》，中央文献出版社2022年版，第202页。

二 社会主义新农村建设中农民主体作用研究的实践基础

列宁指出:"实践高于认识,因为实践不仅有普遍性的优点,并且有直接的现实性的优点。"① 科学的理论研究必须着眼于现实问题,并建立在对以往实践进行科学总结的基础上。关于社会主义新农村建设中农民主体作用问题的研究有其坚实的实践基础,具体体现在以下几个方面:

(一)农民是我国革命与建设的主要力量

1. 农民是中华文明的主要创造者

我国是四大文明古国之一,有着悠久的历史和灿烂的文化。唐诗宋词、琴棋书画、笔墨纸砚、楼阁亭宇、歌舞戏曲等文化形式,无一不是劳动人民勤劳智慧的结晶。尤其是在农耕文明的形成和发展中,农民的勤劳和智慧发挥了关键作用。农民通过精耕细作、顺应天时地利的智慧,以及对自然环境的深刻理解,形成了独特的农耕文化和技术,这些技术和文化又反过来影响了人们的思维习惯和行为方式,成为中华文明的重要组成部分。此外,农业的发展和进步不仅保证了经济文化的相对稳定性和连续性,还为人们提供了更多的闲暇时间从事科学发现与文明创造,促进了物质文明和精神文明的积累。因此,农民在中华文明的形成和发展中一直扮演着至关重要的角色。

2. 农民是中国革命的主力军

农民阶级是近代中国革命的主力军,其地位和作用不容忽视。从太平天国运动到辛亥革命,农民阶级都发挥了重要作用,他们人口基数庞大、受压迫最深、受剥削最重,革命意识觉醒,成为推翻封建统治、实现民族独立的重要力量。在土地革命中,农民作为革命的主要力量推翻了封建土地所有制,实现了"耕者有其田"的革命目标,从而为中国革命的彻底胜利奠定了坚实的基础。在抗日战争和解放战争

---

① 《列宁全集》(第三十八卷),人民出版社1959年版,第230页。

中，农民群众积极参军参战，支援前线，为打败日本侵略者和推翻国民党反动统治做出了巨大贡献。

3. 农民为新中国工业化做出巨大贡献

农民为新中国的工业化建设做出了巨大的贡献和牺牲。"第一就是劳动力——所谓计划经济阶段也就是国家集中地大规模使用劳动力替代了极度稀缺的资本；第二就是通过以乡为单位的人民公社发展规模农业，得以较低'交易费用'地提取大量剪刀差。国家采取这两个手段使中国完成了工业化的原始积累。"[①] 一方面，国家通过工农产品价格"剪刀差"的方式，从农业中汲取了大量资金用于工业发展；另一方面，大量农村劳动力向城市转移，为工业发展提供了大量廉价劳动力，他们在城市就业中，往往从事最脏、最累的工作，对城镇经济发展做出巨大贡献。可以说，没有农民的无私奉献与默默牺牲，没有农业为工业提供的大量资金，新中国的工业化进程会更为艰难。

4. 农民是改革开放的主要推动力量

农民阶级作为我国社会主义现代化建设和改革开放的最基本的依靠力量，具有开拓性和创造活力，他们的勤劳和智慧，以及他们在农业生产中的创新实践，为国家的工业化、现代化进程提供了坚实的基础和支持。家庭承包经营作为农民的创造，极大地激发了农民的生产积极性，促进了农业生产的发展，也为国家的工业化、城市化进程提供了重要的支撑。改革开放的成功，离不开农民的积极参与和贡献。可以说，在改革开放的伟大实践中，农民通过自己的劳动和实践，不仅改善了自己的生活条件，也为国家的整体发展做出了不可磨灭的贡献。

5. 农民问题是"三农"问题的核心

"三农"问题是一个整体，但核心是农民问题，因为农业是一种

---

① 温铁军、孙永生：《世纪之交的两大变化与"三农"新解》，《经济问题探索》2012年第9期。

产业，是农民从事的职业，农村是农民聚居生产生活的社区，所以要解决"三农"问题，第一位的是要解决农民问题，只有把农民问题解决好农业农村问题才能顺利解决。从历史经验的视角看，农民问题是农业发展周期反复的根本原因，社会主义新农村建设中农民问题是核心、是关键、是主要矛盾。解决"三农"问题应该把解决农民问题放在首位，而最根本的是切实注重农民主体作用的发挥。

（二）发挥农民主体作用是新中国成立以来我国农村建设的实践总结

从理论上说，人类社会发展到现在，农业仍然担负着为人类提供衣食之源、生存之本，为二、三产业提供原料、资金、劳动力等物质要素的多重功能，这决定了农业在国民经济中的基础性作用是不能动摇的，也决定了农民在任何时代都是不可忽视的社会力量。

新中国成立以来，我国农村建设的实践告诉我们，什么时候充分发挥了农民的主体作用，农民的生产积极性、能动性、创造性就得到很大调动和提高，农村的经济社会就会获得比较快的发展，农民就能得到更多的实惠，农村的面貌就会得到最大的改善。

新中国成立初期，农业合作化的过程中，国家始终坚持自愿互利、典型示范和国家帮助的原则，把农民看作真正的劳动者，用说服教育的办法引导他们走社会主义道路。这样充分调动了农民的积极性、主动性，依靠广大农民的力量，实现了由互助组到初级农业生产合作社到高级农业合作社的过渡，顺利地完成了对个体农业的社会主义改造。在这个过程中，我国农村经济社会发展也取得了重大成就，但最终由于人民公社体制下的农业生产经营方式存在较为严重的平均主义"大锅饭"，挫伤了广大农民的生产积极性，使农村生产力发展受到抑制。

党的十一届三中全会后，正如邓小平同志指出："我们农村改革之所以见效，就是因为给农民更多的自主权，调动了农民的积极性。"① 在20世纪80年代初，农村实行家庭联产承包责任制，农民有了相对独立的生产经营自主权。亿万农民的民主意识、平等意识与参与意识不断增强，农民以前所未有的政治热情来关注自己的切身利益、村中事务管理及干部行为，迫切要求参政议政，用政治上的民主权利来保障经济上的物质利益，创造出"村民自治"的民主形式。然而，随之而来的快速城镇化，使大量农村人口流入城市，农村"空心化""空巢化"等现象成为新的问题。党的十六届五中全会启动社会主义新农村建设，在政府政策和大量资金支持下，试点乡村在基础设施及人居环境方面有较大改善。但从全国范围看，乡村基层组织松散、生态环境恶化、乡村文化衰落、人才流失等问题还没有完全得以解决。

党的十八大之后，新一届中央领导集体关于以人民为中心的执政理念，为解决"三农"问题提供了理论支撑。"三农"问题的核心是农民的问题，农民是乡村发展和建设的最直接的见证者和受益者，也是最公正的评判者，在不断解决我国"三农"问题的伟大实践中，农民不仅不能缺席，而且要在其中发挥其他群体不能替代的主体性作用。

（三）发挥农民主体作用是构建农村和谐社会的现实需要

第一，创建和谐农村是构建和谐社会的基础。

胡锦涛同志2005年2月14日的讲话，全面阐述了社会主义和谐社会问题，指出我们要构建的社会主义和谐社会是民主法治、公平正义、诚信友爱、充满活力、安定有序、人与自然和谐相处的社会。而创建和谐农村是构建和谐社会的基础，没有农村的和谐就没有整个社会的和谐。对此，胡锦涛同志指出："在我们这样一个农民占多数的国家，农民是否安居乐业，对社会和谐具有举足轻重的作用。广大农民日子好过了、素质提高了，广大农村形成安定祥和的局面了，和谐

---

① 《邓小平文选》（第三卷），人民出版社1993年版，第242页。

第一章 社会主义新农村建设中农民主体作用研究

社会建设的基础就会更加牢固。"①

第二,构建农村和谐社会是建设社会主义新农村的重要载体。

建设社会主义新农村在我国不同的历史时期,不同的发展阶段,不同的经济区域,都有着不同的要求。现在农村已经走出了"日出而作,日落而息"的时代农民的市场意识、自主意识、法制意识都随着社会的进步和发展而逐步增强。新形势下建设社会主义新农村其目标不仅要通过工业化致富农民,城市化带动农村,产业化提升农业,而且要通过思想观念科技知识的不断更新,道德素养、文化层次的不断提高,生活习俗、生态环境的不断改善,民主法制、管理规章的不断健全来实现,从这一意义上讲,创建和谐农村社会与建设新农村的目标是一致的。

第三,农民是构建农村和谐社会的主体。

实现农村社会和谐要以农民为主体,充分发挥其作用,化解各种矛盾冲突。农民收入增长是构建和谐社会的保证,农民收入的增长、物质文化生活的满足则是安居乐业的条件。确保农民收入的不断增长,对于构建和谐农村至关重要,对此要更加注重社会公平。收入分配向农村农民倾斜,缩小城乡差距、区域差距、个人收入差距,健全公平地分配公共服务,这样才能为农村和谐社会奠定坚实的物质基础,真正维护和实现最广大人民群众的根本利益,农民才会更好地贯彻执行党的各项路线、方针政策,维护农村社会的稳定发展。另外,干群矛盾是影响农村社会稳定和谐的矛盾之一,只有农民拥护才能真正化解干群矛盾;村民自治实践过程中产生的问题和矛盾需要农民充分行使自己的民主权利才能解决;只有农民的思想道德素质和文化素质得到不断提高,才能形成良好的农村社会风气,也才能更好地实现人与自然的和谐发展、人与人的和谐发展。

---

① 中共中央文献研究室编:《十六大以来重要文献选编》(中),中央文献出版社2006年版,第708页。

第二节　社会主义新农村建设中农民主体作用发挥的现实境遇

长期以来,"三农"问题一直是影响我国经济社会发展的重大难题。实践证明,我国经济社会发展的基础在农村,潜力在农村,希望也在农村。因此,党中央提出建设社会主义新农村,它是解决"三农"问题的治本之策,也是"三农"理论和政策的重大创新。在社会主义新农村建设中必须充分发挥农民的主体作用,首先对农民主体作用的现实表现和影响因素进行分析,进而在此基础上提出进一步发挥其作用的意见和建议。

一　社会主义新农村建设中农民主体作用的主要表现

（一）农民是新农村建设的主力军

国家对新农村建设的财政投入固然重要,但没有农民的社会主义合作精神和自觉地劳动参与,也就不可能有新农村。在新农村建设中,不要置农民于被动的地位,变成传统的输血式的扶贫模式。这样不利于真正达到改变农村的目的,新农村建设者不仅仅是国家,而主要应是农民和农民的劳动。中国农民拥有强大的劳动能量,一定要变"要我建设"为"我要建设",广大农民积极发扬自力更生、艰苦奋斗的优良传统,通过自己的辛勤劳动,建设自己的美好家园。

农民发挥"主力军"作用还在于广大农民是新农村建设决策的主要参与者和执行者。邓小平同志说:"一个革命政党,就怕听不到人民的声音,最可怕的是鸦雀无声。"[1] 群众路线是我们党的根本工作路线,新农村建设中一定要坚持决策"从农民群众来,到农民群众中

---

[1] 《邓小平文选》（第三卷）,人民出版社1994年版,第144—145页。

去"。农民是新农村建设决策的主要参与者和执行者具体体现在：第一，农民有较强的决策参与意识。农民群众充满自信，有着支持新农村建设的极大的积极性和主动性，通过相关渠道和途径积极参与新农村建设决策；第二，农民根据长期在农业生产中摸索、总结、积累的丰富的农村建设经验，对村庄规划、产业发展、村容整治等公共事项，提出最直接、最朴实、最实在的意见和建议，以使新农村建设的各项工作符合实际，更切实可行；第三，农民真正理解和领悟新农村建设的科学决策，正确地处理国家、集体、个人之间的关系，眼前利益与长远利益的关系，把科学决策化为自身的自觉行动，推进新农村建设。

（二）农民是新农村建设的创造者

在中国的改革历史中，农民的创造性往往具有开创性的意义，如在20世纪70年代末安徽凤阳农民的土地改革，80年代农村乡镇企业的异军突起，90年代土地承包带来的农业产业结构的调整等，都体现了农民群众伟大的智慧和创造力。可以说，改革和发展的实践告诉我们，农民是伟大的发明和创造者。农民的创造力是农民长期从事农村实践运动的结果。农民长期的农业实践使他们变得更加富有思进和思变能力；农民的艰苦奋斗精神使他们能够具备变革创新农村经济体制的勇气；农民求真务实的态度使他们敢于依据事物发展的客观规律办事；而农村科学技术的发展使他们思想更丰富、更开阔。当前，我们看到农民的创造性具体表现在这样几个方面：一是广大农民对新农村建设不同模式进行探索实践。按农民自身要求，村庄建设坚持因乡镇、因村制宜，体现各村的特色和优势，保留农村的历史文脉，保持生态环境和自然风貌，做到人与自然和谐，既展现农村的田园风光，又彰显农村的历史文化底蕴，适应农民生产生活需要，以真正创建各具特色的社会主义新农村。二是农民积极推进农村社会自治。通过建立村民理事会，农民实现自我组织、自我教育、自我管理，较好地发挥了农民的自身力量创造性地建设社会主义新农村。三是农民群众广泛开展富有新农村建设内涵的内容丰富、多姿多彩的群众性文化活动。群众性文化活动是新农村精神文明建设的重要形式和载体，群众性文化活动传承中华民族的优良传统，通过各类群众性文化活动，农民群众自身获得教育和鼓舞，丰富了自己的精神文化生活、陶冶了情操，也表达思想情感，为新农村建设提供了重要的精神支撑。

（三）农民是新农村建设的最大受益者

首先，新农村建设中农民收入显著增加。做到增加农民收入，就要加大对农民增收的支持力度，从宏观上保证农民增收。一是国家要继续贯彻把农业放在首位的方针，巩固和加强农业的基础地位，切实增加对农业的投入。二是要调整国民收入分配格局，逐步实现公共财政向农村倾斜。财政要加大对农田水利、农村道路、饮水、电网、通信、沼气等基础设施的投入，让广大农民喝上安全卫生的饮用水，走上顺畅便捷的路，照上经济保障的灯，用上清洁卫生的燃料，以改善农村人居环境。农民要从农业和农村内部开发增收潜力，实现农业和农村经济结构的战略性调整，推进现代农业建设，实现产业化、规模化经营，提高粮食生产能力，大力发展农村二、三产业来促进增收。

其次，新农村建设中农民享有切实的民主权利。一是农民享有普遍、平等、自由的村民选举权，自觉依法积极参与村委会选举。二是广大农民群众对村级重大事务实行科学决策、民主决策和依法决策，这是农村民主政治建设的最主要展现形式，是农民群众当家做主的根本所在。三是农村民主管理实现制度化、规范化和程序化。农民的民主意识不断提高、法制观念不断增强、民主习惯逐渐养成；村务公开，村民对村务知情；保证农村民主管理健康发展。四是农民自觉对权力进行制约和监督，保证把广大农民群众赋予的权力真正为自己谋利益。

再次，新农村建设中农民多层次、多方面的文化需求得到满足。

乡村文化设施相对完备，公共文化服务切实加强；现有文化资源得到有效利用；农村文化氛围活跃，文化队伍不断壮大；文化产业较快发展，农民看书、看戏、看电影、收听广播电视等问题得以解决；农民的文化素养提高，农村社会和睦友好。

最后，农民共享新农村建设带来的社会发展成果。一是农民受教育水平不断提高。农村九年义务教育得到普及和巩固，农村职业教育发展，农民自觉接受继续教育，农民的知识结构得到更新，知识存量增加。农民技术能力和思想道德水平提高，参与市场竞争能力和应对经济全球化挑战的能力增强。二是农村社会保障体系逐步建立和不断完善，主要是建立以社会救济、养老保险、社会福利、优抚安置、社会互助和合作医疗六项制度为主要内容，层次不同、标准有别的社会保障制度，以及与之相配套的社会保险服务网络。

二　影响农民主体作用发挥的主要因素

（一）传统的农民特征不适应新农村的建设和发展

农民行为作为一种客观存在，无论他是积极的还是消极的，都对社会的发展起到了推动作用。马克思主义历来认为，社会存在决定社会意识，社会意识又反作用于社会存在。中国农民正是基于对某个时期某种社会现象和事物的认识，形成了一种持久的重要的农民行为特征，表现为以下几个方面：

第一，传统小农意识明显。"各人自扫门前雪，休管他人瓦上霜"是中国农民传统小农意识的真实体现。生活空间的封闭，交通的闭塞，通信的落后，信息传播的滞后等，造成部分农民思想行为的封闭性、狭隘性，固守田园，不愿接受新思想、新观念。尤其是家庭联产承包责任制实施后，农民由原来的集体经营变为以家庭为单位的个体经营，更使其只顾自家，不关心集体的利益、集体的发展，不注意国内、国际大气候，对村庄建设抱着漠然的态度。

第二，封建迷信思想严重。在我国的社会发展史中，封建社会是最漫长的，封建思想对农民的侵害也是至深的，封建迷信的东西在一些农民的头脑中根深蒂固。尤其在偏远农村，参神拜庙、求卦问卜活动频繁，许多农民有病不求医，请神求仙；奉行入土为安，搞土葬、婚丧祭日，大操大办。多子多福、"不孝有三，无后为大"的传统思想滞留在一些农民的头脑中，一些地区早婚早育计划外超生的现象，时有发生。

第三，农民思想行为与社会主义市场经济体制建设的要求存在差距。现阶段，我国多数农民靠土地吃饭，没有经过市场经济的洗礼和锤炼，缺乏开拓意识、没有现代竞争意识、进取精神；因循守旧，怕担风险、怕栽跟头，法律意识淡薄，法律知识缺乏；组织纪律性差，时间观念不强，行为涣散，公民意识薄弱。这些都不利于社会主义市场经济体制的运行，也影响着社会的稳定和发展。

（二）基层政府对于农民的主体作用不够重视

中国的政府管理体制采用自上而下占主导地位的政绩评价体系，这使很多政府官员习惯于以"一刀切"的方式将多样化、复杂化的问题简单、模式化处理，常常造成工作中的浮夸和花架子。在新农村建设中，传统管理体制惯性作用仍然使一些基层干部出于对政绩的追求，搞典型、搞模式、搞"一刀切"的标准，这势必会出现脱离农村实际水平，超越农民承受能力的问题。特别是一些干部对农民缺乏完整的正确的认识，在他们心目中，农民信息闭塞、素质低下、自私保守，常常是利益决定行为，因而认为新农村建设中的农民主体性是一种实践中无法实现的"空想"。这样对农民还是一味地强调"管"，在调动农民的积极性、主动性、创造性上做得不够，没有抓住发展农民主体这个根本，仍然存在代办包办、违反农民意愿的现象。就是在学术界上，还有国内学者认为，农民是"愚、贫、弱、私"的代名词，在推进农村市场化进程中，9亿农民是一道难以逾越的鸿沟和障碍。

（三）农民整体素质亟待提高

第一，文化素质低。从文化程度构成来看，小学和初中文化程度是农民队伍中的主流，而高中及以上文化程度的农民比例相对较低。这样，面对新农村建设繁重而艰巨的任务，相当数量的农民表现出严重的不适应，在接受和掌握科学知识和科学技术上，以及对经济信息的分析和把握上，不能自觉，也不能更加快速和准确，仍然存在着市场信息难鉴别、项目难选准、技术难掌握的问题。

第二，小农思想在一定程度上仍然存在。几千年的小农意识还在影响着农民，不少农民还存在着"不患寡而患不均"的平均主义倾向、"小富即安"的狭隘功利主义倾向以及"肥水不流外人田"的封闭主义倾向等，在思想深处仍局限在"种地打粮为吃饭"等传统的自给自足的意识里，一些农民外出打工挣个万儿八千的就满足了，不思大的发展。

第三，农民的精神生活空虚。过去由于过分强调了经济方面的建设，而忽视或者没有真正重视农村的文化建设，导致农村文化生活、精神主流的缺乏，使家庭美德、社会公德弱化，在闲散的乡村生活中滋生了许多与社会主义文明不相称的丑恶现象，农村打牌赌博之风盛行不衰，封建迷信活动沉渣泛起，各种宗教势力借机渗入农村社会，这些现象严重影响了我国农村社会稳定，削弱了国家在乡村社会的有效治理。

第三节　社会主义新农村建设中进一步发挥农民主体作用的对策建议

一　尊重农民的意愿

2006年2月，胡锦涛同志在中共中央举办的省部级主要领导干部建设社会主义新农村专题研讨班开班典礼上所作的重要讲话，为建设社会主义新农村厘清了思路。其中，在谈到"农业、农村、农民"问题时，胡锦涛同志讲了四句掷地有声发人深思的"农话"："关心农民疾苦，尊重农民意愿，维护农民利益，增进农民福祉"。胡锦涛同志的四句话简言之，就是"想农、尊农、护农、福农"。这是新形势下一条解决"三农"问题的清晰思路。

四句"农话"，很有针对性。其中，"尊重农民意愿"，特别值得农村基层官员细细回味。在新中国成立数十年的农村工作中，什么时候充分尊重农民意愿，什么时候农村工作就顺手；什么时候长官意志当道，逆着农民心愿，什么时候农村工作就棘手。20 世纪 80 年代初全国铺开的农村联产承包责任制，之所以取得巨大成功就是因为充分尊重了农民群众的意愿，给了农民自主选择的权利。

党中央、国务院提出建设社会主义新农村，"尊重农民意愿"的问题又摆在人们面前。其实，"尊重农民意愿"也就是尊重人民群众。历史经验告诉人们，只有尊重人民群众，才能吸取群众智慧，真正为群众办好事实事。尊重与不尊重群众，说到底是个"求实"还是"务虚"的原则问题。在农村要尊重农民群众，在"尊农"中进一步加强干群团结，在"尊农"中改进工作思路，在"尊农"中建设喜闻乐见的新农村。

在个别地方，新农村建设的实际效果却不尽如人意，甚至出现了干部热情高、农民冷眼瞧，农民不满意、干部不落好的现象。其重要原因之一是决策者在推进新农村建设的过程中，有意无意地忽视了农民的主体地位，在对农民意愿缺乏足够了解的情况下推行有关政策、实施建设项目，结果导致这些政策和项目不符合农民需要，甚至对农民的生产生活产生了负面影响。实践表明，建设新农村，必须尊重农民意愿。

在经济决策中，"特殊时间和地点的知识"非常重要。但这些特殊的知识散布于各个经济主体之中，只有分散决策才能得到有效利用。因此，在社会主义市场经济条件下，必须尊重市场主体自主决策的权利。应当说，今天这种观念已经成为共识。但是，当涉及农村发

第一章 社会主义新农村建设中农民主体作用研究

展问题时,有些地方的决策者却常常忽视农民的意愿和自主决策权,习惯于替农民做主。分析其原因,大概有这样两点:第一,对农民理性决策的能力认识不足。长期以来,在一些研究者和政府官员看来,农民是保守的、落后的,缺乏理性决策的能力。事实上,长期的观察和研究表明,这种看法并不正确。农民的一些经济决策之所以在外界看来不合理,是因为农民面临着外界难以观察到的特殊条件的约束。诺贝尔经济学奖获得者、美国经济学家舒尔茨指出,农民是在传统技术状态下最大限度地利用了有利可图的生产机会和资源的人,同其他经济主体一样,他们能够做出合理决策。第二,地方政府创造"政绩"的冲动。公共选择理论认为,政府官员如果有相对独立的利益,其行为就可能会偏离公共福利。在政绩考核机制尚不完善的情况下,政府官员行为偏离公共福利的现象会较为严重。在实际工作中,一些地方政府和领导干部为了多出"政绩",不顾实际情况,不考虑农民的真实意愿,将有限的财力、物力用于修马路、建楼房等能在短期内产生明显效果的项目,而忽视了改善农业基础设施、提高农业综合生产能力、发展社会事业、加强制度建设等需要付出长期努力的事情,偏离了新农村建设的主题。

进一步看,建设新农村的受益者是农民,因此农民有足够的愿望和动力去充分考虑经济、社会、文化等各种因素,权衡长远利益与现实利益、个体需要与整体情况等各种关系,做出合理决策。同时,我国各地农村的生产和生活状况复杂多样、千差万别,这就要求推进新农村建设必须坚持从实际出发,采取多种模式和办法,而不能搞"一刀切"和齐步走。相对而言,农民对农村的实际状况和自己的真实需求以及决策的限制条件,了解得更全面、更深入、更准确,因而更有可能因地制宜地做出适当决策。所以,只有充分尊重农民意愿,才能使新农村建设的各项决策更加符合实际、更加科学有效,从而扎实推进新农村建设。

在新农村建设中充分尊重农民意愿,除了必须改变农民保守落后的成见、相信农民有能力做出合理决策之外，还需要在体制机制上予以保障。一是实现农村公共产品供给决策的民主化。从政府和农民的关系来看，应改革现行的自上而下的公共产品供给决策程序，形成在政府总体指导下、以自下而上为主的农村公共产品需求的民意表达机制；明确界定政府在农村公共产品供给中的权力范围，避免政府"越位"。从农民内部的决策过程来看，应加快农村基层民主制度建设，完善公共产品选择与使用的监督机制，实行乡、村两级政务公开、事务公开、财务公开和民主理财，提高公共资源使用的透明度。二是改革干部政绩考核体系。建立综合考核指标，将硬件建设等显性指标考察与制度建设等隐性指标考察结合起来，避免片面考核硬件指标所带来的弊端；将自上而下的考核与自下而上的考核结合起来，在考核中引入农民满意度指标，把广大农民群众的参与权和监督权落到实处。

二 政府职能定位要明确

乡镇政府改革职能不明确、不到位问题，应当把促进经济和社会协调发展作为职能转变的根本方向，应逐步"适应市场经济的发展和建设社会主义新农村的要求，重点发挥社会管理和公共服务职能，尤其要把工作重心转到为市场主体服务和创造良好的发展环境上，把主要精力转到抓产业、抓服务上来，把工作职责定位在维护稳定、服务农民促进发展上来，遵循小政府大社会的科学理念，科学定位政府职能。"[1] 总体来讲，就是从全能政府转为有限政府，从控制型政府转变为服务型政府，把政府职能切实转变到经济调节、市场监管、社会管理、公共服务上来。具体来讲：

第一，完善经济职能。要为生产发展、农民增收提供优质服务，最主要的是为农村市场主体提供成熟的制度和机制。要遵守政府经济服务"三不"原则：不得直接干预微观经营活动，不包办农民决策，

---

[1] 刘卫秋：《后税费时代乡镇政府职能初探》，《邵阳学院学报》2006年第3期。

不代替农户招商引资。基层政府的经济职能应定位在"把握方向,谋划全局,制定政策,营造环境"上既要改变行政乱作为的问题,也要改变行政不作为的问题,由"经济管制型"政府转变为"公共服务型"政府。

第二,强化社会管理。建设社会主义新农村,迫切需要乡镇强化农村社会管理要建设完善的农村社会管理体系,包括乡村民主、公众参与、治安防控、应急救援等要规范乡镇政府依法行政,实施社会管理行为;要培育农村新型社会化服务组织,充分发挥民间组织的作用,还权于社会,健全社会自律体系。

第三,强化公共服务。乡镇政府必须强化公共服务职能要建设和维护农村公共事业和公共基础设施,向农民提供公共物资、资源和产品要优先提供户籍、教育、医疗卫生、劳动力就业,以及收入分配、社会保障等方面的服务;要在农村建立健全利益协调和纠纷调处机制,畅通诉求渠道,创造和谐的行政环境和团结稳定的农村社会局面。

第四,发展社会事业。乡镇政府必须进一步强化发展农村社会事业的职能,要加快发展农村义务教育,大规模开展农村劳动力技能培训,积极发展农村卫生事业,繁荣农村文化,加强社会公德建设,加强农民思想道德教育,倡导健康文明新风尚。[①]

但是乡镇政府职能转换是一个复杂的过程。以往几次的乡镇机构改革都没有真正达到或完全达到这种转变,至目前为止,乡镇政权组织存在的弊病仍是围绕解决"三农"问题的一个重要问题,也成为能否真正保障农民在新农村建设中的主体地位的最大的制度性障碍。

三 加强行政管理体制改革

从根本上来讲,乡镇政府对乡村的控制,有很多原因,其中我国

---

① 刘修起:《乡镇改革应立足于新农村进行职能定位》,《理论学习》2006年第5期。

整体行政管理体制存在的弊端是根本原因，尤其是要改变现行的"压力型行政体制"、与事权不相匹配的财税制度及政绩考核体制的制约。

第一，改变"压力型行政体制"。"压力型体制一般指的是一级政治组织为了实现经济赶超，完成上级下达的各项指标而采取的数化任务分解的管理方式和物质化的评价体系。"[①] 是集权制政治在行政体制上的反映，在这种体制之下，各级政府将事权下移，其实最终都落在乡镇政府头上，乡镇政府必须调动一切资源完成各项指标，很容易形成形式主义作风，形成用强制行政命令的方式管理基层自治组织，侵犯自治组织的自主权，从而造成乡村关系的错位。要把这种压力型行政体制转化为民主型行政体制，改变对农民的领导方式，放松对农村的控制，要改变上级政府集权程度过高的现状，探索建立新的县乡政府体制，增强乡镇政府的自主性，使乡镇政府更多体现民意与国家意志的结合，确保新农村建设既体现国家政权的意志，又能充分尊重基层民众的意愿。

第二，确立与财税体制相对应的乡镇政府事权责任体制。财税体制改革与相应的政治分权改革的脱节是造成乡镇政府职能错位的关键体制性原因。在压力型行政体制影响下，乡镇政府承担了大量的经济发展任务和社会公共事务，但现行财税体制却并没有给乡镇政府与事权相匹配的财力。致使乡镇政府穷于应付上级政府下派的各种任务，而无力顾及农村公共产品和公共服务的需求，弱化了本身的指导与服务功能。随着农村税费改革的推进，乡镇财政收入进一步减少，导致乡镇政府面临更大的财政压力，迫使其将权力的触角延伸到村委会，通过控制村委会从农村进行资源提取，这种行为成为乡镇政府弥补财政收入不足的不得已选择，而这又与村委会的自治原

---

① 荣敬本等：《从压力型行政体制向民主合作型体制的转变：县乡两级政治体制改革》，中央编译出版社1998年版，第28页。

则相冲突。① 所以，必须完善与事权相适应的财税体制，加大中央和省级政府财政转移支付的力度，强化财政转移支付制度建设，理顺省级政府以下的财政体制。同时也要加快政治体制改革，合理划分各级政府的权力与责任，确立与现行财税体制相对应的乡镇政府事权责任体制。

第三，改革传统的政绩评判机制。政府绩效是指政府在投入特定成本的基础上所取得的效率、效果能力、服务质量和公众满意度方面的成果。② 我国政府绩效评估体系的不健全，尤其是它的价值取向的不合理是导致我国行政"压力型体制"的直接原因。改革传统的政绩评判机制。首先，必须确定农村基层政府绩效评估的价值取向，这个取向应该是"人民生活质量和公共服务水平的提高，而不应该是单纯的数化指标，只抓 GDP。具体而言，即是从单纯注重经济增长转向经济社会全面协调和可持续发展，从政府本位转向民众本位，从效率标准转向效益标准。③"其次，在对乡镇基层政府的政绩评价方式上，应从根本改变只对上负责的体制，而应将政绩评判权同时也交给农民群众，由群众参与考核干部的履职情况，做到既"对上负责"，又"对下负责"，在新农村建设中要防止搞政绩工程，最根本的一条是创新体制机制，让农民的意愿贯穿于从决策到政绩评价的全过程。

四　多渠道开展农民的培训工作

培育新型农民是增加农民收入的重要途径。大量的农业科技成果最终要被农民所掌握，才能转化成为现实生产力。培育和造就一大批新型农民，可以使更多的农民适应农业专业化、规模化和科技化发展

---

① 陈德顺：《乡村政治关系错位的制度分析》，《天津市委党校学报》2005 年第 3 期。
② 陈朋：《新农村建设的三重维度——对新农村建设政治生态环境的思考》，《调研世界》2006 年第 7 期。
③ 陈朋：《新农村建设的三重维度——对新农村建设政治生态环境的思考》，《调研世界》2006 年第 7 期。

的要求，不断提高经营现代农业的水平，全方位拓展增收渠道。广泛开展各种形式的农业实用技术培训、职业技能培训、劳动力转移培训，是农民增加收入的重要途径。

第一，重视对农村妇女的培养教育。按照农业生产岗位规范要求，通过多种形式、多种渠道，加大绿色证书培训力度，培养更多的农民技术骨干。例如，妇联组织举办的农函校。在这里我们不得不提一下农村妇女培训教育与社会主义新农村的关系。

建设社会主义新农村给农村妇女发展带来了大好机遇。建设社会主义新农村体现了包括妇女在内的广大农民群众的根本利益和强烈愿望，农民是新农村建设的主体，农村妇女劳动力占农村劳动力60%以上，是新农村的重要建设者和直接受益者，建设社会主义新农村必将极大地鼓舞农村妇女的劳动热情，使农村妇女获得更广阔的发展空间和平等竞争的机会。随着公共财政更多地向农村倾斜，农村基础设施的加强和经济社会的发展，农村妇女的生产生活环境将进一步得到改善，农村妇女发展的物质条件将更加良好。

我们更应围绕社会主义新农村建设的总体规划，充分尊重妇女群众的意愿，找准工作定位，强化服务职能，以帮助农村妇女增收致富为核心，以培养新型农民为根本途径，通过举办各种培训班，使他们从中学习基础文化知识，学习各种实用技术，全面提高自身素质，从而提高自强自立能力，提高社会地位，增强自信心。真正成为建设社会主义新农村的生力军，成为建设社会主义新农村的实践者、推动者和受益者。

第二，青年农民科技培训工程。重点对农村优秀青年进行以科技为主的综合性培训，培养农村致富带头人和建设社会主义新农村的中坚力量。农村青年是进行社会主义新农村建设的生力军，是未来、是希望，他们充满生机与活力，思想活跃，容易接受新生事物，他们大部分都有外出打工的经历，见多识广，思想开阔，有进取心。可通过各种技能培训，挖掘其潜能，从而提高本领，增强他们扎根农村，热爱家园、建设家园的信心和决心。

第三，新型农民创业培植工程。选拔能开展规模化生产和具有创业能力的优秀学员，通过政策引导，信息服务、创业资金支持和技术支持，培植规模化和专业化生产经营的农业大户和农民企业家。选拔一些有一定文化，有进取心和事业心的青年农民，通过技能培训，放到相关企业跟班实习，激励他们回乡创办企业的意识，使他们成为新农村建设的带头人。

第四，农村劳动力转移就业培训"阳光工程"。"阳光工程"是由政府公共财政支持，主要在粮食主产区、劳动力主要输出地区、贫困地区和革命老区开展的农村劳动力转移到非农领域就业的职业技能培训示范项目。按照"政府推动、学校主办、部门监管、农民受益"的原则组织实施。旨在提高农村劳动力素质和就业技能，促进农村劳动力向非农产业和城镇转移，实现稳定就业和增加农民收入，推动城乡经济社会协调发展，加快全面建设小康社会的步伐。

党中央、国务院高度重视农村劳动力转移培训工作，中央农村工作会议、中央人才工作会议和《中共中央、国务院关于促进农民增加收入若干政策的意见》对做好该工作提出了明确要求，国务院办公厅下发的《2003—2010年全国农民工培训规划》对培训工作做出了具体部署。

总之，建设社会主义新农村是我国历史进程中的历史任务。建设社会主义新农村，要增加农民收入、提高农民的生活质量、提高农民的个人素质，必须使农民增长知识。要增长知识，提高综合素质，就必须通过多种形式、多种渠道对农民进行培训教育。

五 对农村文化与传统要适当尊重

文化是一个民族的根、一个民族的魂。人们之所以采取这样或那样的行为，是因为他们生活在特定的文化环境中，文化观念不仅引导着人们的价值追求，推动着社会财富的积累和消费，而且调解者群体的经济行为，影响着经济发展与社会稳定。

在社会主义新农村建设中突出农民的主体地位，就必须了解农民的所思所想，对他们的文化与传统进行适当的尊重。正如费孝通先生所言："要了解农民不能单靠几个数字。要了解他们脑子里的思想活动比获取统计数字更难。您不懂得传统农业社会的基本特征，不懂得农民的过去，不懂得传统怎样支配他们的行为，就不懂得农民，更不会懂得正在变化中的农民。"①

中国传统文化的基础是农耕自然经济，由于农业生产所需要的条件除了土地肥沃、风调雨顺外，农民还需要团结协作、勤于劳动，因此这种农耕文化的特性就表现在"和睦相处"和依靠"集体的力量"这两点上，而这恰恰正体现了人与人的关系和谐、人与自然的关系和谐的和谐社会的实质要求。将新农村建设与和谐社会建设统一起来看，新农村建设也必然满足这种和谐的要求，人与人的和谐关系是建构在伦理认同、文化与身份认同、平等、尊重的相互对待基础之上的，这就要求在新农村建设的时候，保持一种理解与尊重的态度对待对不同区域的不同农民群体的不同文化传统，允许并支持各地农村文化传统的发展，让其在发展中融进现代文明。特别是有些农村文化传统本身就是中国文化遗产的重要组成部分，虽然在过去的若干年里，很多村庄的一些传统的东西被逐渐消解了，但是在村庄记忆中还保留着，也有很多村庄（特别是边远民族地区）还保持着一些有价值的东西，这些东西是有利于人与人、人与自然之间和谐共处的，对它们的尊重，就是对中华传统文化的尊重，实质上就是对农民主体性的尊重。

另一方面，随着人类信息化时代的发展，原有的农业文化和传统不可能互利地向前发展，我们应该在继承优秀传统文化的基础上，引

---

① 冯钢：《"中国知识"：转型期社会学"中国化"的断裂》，《探索与争鸣》2017年第2期。

进、容纳、消化吸收现代文化的优秀方面，通过综合创造，建设有中国特色的社会主义新文化，在建设社会主义新农村中，让农业文化与传统重放异彩。

六 加强农民的伦理道德建设

我国在进行社会主义新农村建设的过程中，应加强对农民的伦理道德建设，其内容必须让受教育者信服、接受。必须根据实际情况，把握伦理道德建设的规律性，把对农民的伦理道德教育融入各种基础设施建设、文化建设、公共物品、社会商品等载体中，依托社会、经济、政治、文化的大背景，面向现实，充分考虑到农民自身的特质，并通过各种宣传媒体、文化活动、书籍文章、规章制度等方式进行道德教育。

第一，农村党员干部应该成为道德建设的楷模。党员干部是社会主义新农村建设的领导者，也是道德建设的倡导者和领导者，关系到农村社会主义道德建设的成功与否。党员干部只有坚持立党为公、执政为民、严于律己，成为广大农民的典范，才能不断地提升社会主义道德在农民心目中的信任度，才有可能切实有效地带领广大农民树立良好的社会道德风尚。因此，在进行社会主义新农村建设过程中，广大党员干部必须加强自身道德修养，提高自身的道德素质和道德水平。

第二，把对农民的道德教育和物质文明建设结合起来。进行社会主义新农村建设，不能忘记农村的社会主义伦理道德建设。要通过多种形式的群众文化活动来陶冶农民们的道德情操，提高他们的道德水平。农村文化活动要贴近群众的生产生活实际，培养团结互助、平等友爱的人际关系。要加大经费投入，实现有线电视网络化，建设和完善农村文化馆、图书馆、文化站等，开展农村数字化文化信息服务，要发挥时事政治、文化教育等多项功能，使思想道德教育渗透到各项活动之中，并落到实处，进一步弘扬助人为乐、克己奉公、尊老爱幼、扶贫济困、见义勇为等传统美德。要坚持业余自愿、形式多样、健康有益、便捷长效的原则，丰富活跃农民群众的精神文化生活。要充分利用农闲、节日和集市等，组织花会、灯会、赛歌会、棋类比赛、文艺演出、运动会、劳动技能比赛等活动，吸引广大村民积极参与。要加强科学普及教育，积极引导广大农民群众崇尚科学，破除迷信，移风易俗，抵制腐朽文化思想，提高伦理道德水平和科学文化素养，形成文明健康的生活方式和社会风尚。要倡导学文化、学技能，普及先进实用的农业科技知识和卫生保健常识。在以创建"文明村""文明户""文明村民"等评选活动为载体，促进良好社会道德风尚的形成。

第二章 脱贫攻坚同乡村振兴有效衔接中农民主体作用研究

第一节 脱贫攻坚同乡村振兴有效衔接中农民主体作用发挥的理论与实践基础

实践活动离不开先进思想的指引，同时也是在前期实践基础上的继续前行。对脱贫攻坚同乡村振兴有效衔接中农民主体作用进行研究，要对相关理论资源和实践基础进行梳理，以作为本研究基本依据。一方面，从马克思主义经典作家、中国共产党历代领导人、中华优秀传统文化等众多优秀思想理论中汲取思想资源，以作为本研究的理论支撑。另一方面，要对脱贫攻坚取得的成就进行系统梳理，以此构成本研究的实践基础。

一 脱贫攻坚同乡村振兴有效衔接中发挥农民主体作用的理论基础

思想是行动的先导。任何学术研究都是基于一定的理论基础而不断推陈出新的过程。脱贫攻坚同乡村振兴有效衔接中农民主体作用研究，有必要从马克思主义经典作家、中国共产党历代领导人及中华优秀传统文化中汲取思想资源，为本研究的开展提供理论运用方面的启示和借鉴。

▶▶▶　乡村全面振兴中农民主体作用

（一）马克思主义经典作家关于农民作用的重要论述

马克思主义经典作家高度重视农民问题，虽然没有明确提出"农民主体"这一论调，但在其众多关于农民问题的著作中都充分肯定了农民在社会历史发展中的进步作用，并对如何发挥农民进步作用作了明确的论述和分析，展现出马克思主义经典作家较为系统的农民作用理论。

马克思主义经典作家分析了农民在无产阶级革命中的作用，强调农民是工人阶级的同盟军。基于对1848年欧洲革命失败原因的分析，马克思重新认识了农民在无产阶级革命中的作用，他认为1848年革命失败的关键在于革命者误判了工人阶级的力量而忽视了农民和小资产阶级的力量。农民是无产阶级革命中的关键力量，无产阶级政党要领导工人阶级夺取政权，达到实现自身解放的目的，需要团结动员农民阶级的力量，"为了夺取政权，这个政党应当首先从城市走向农村，应当成为农村中的一股力量"①。在《德国农民战争》中，恩格斯系统研究德国农民战争史，总结了德国革命失败的原因及教训，认为农业工人是农村中人数最多的阶级，是无产阶级人数最多的天然同盟者，吸引这一阶级参与运动是无产阶级政党首要的最迫切的任务，是关系到无产阶级革命能否取得胜利的关键因素。一旦农民接受无产阶级的领导，成为其同盟者，就会成为推动历史进步的关键力量。列宁也高度重视农民在无产阶级取得民主革命胜利中的地位和作用，他认为农民是无产阶级的天然同盟者，"只有当资产阶级退出，而农民群众以积极革命者的姿态同无产阶级一起行动的时候，俄国革命才会开始具有真正的规模"②，无产阶级要把农民群众联合到自己方面来，运用农民群众的力量粉碎专制制度的反抗来实现社会主义革命。

---

① 《马克思恩格斯选集》（第四卷），人民出版社2012年版，第356页。
② 《列宁选集》（第一卷），人民出版社2012年版，第605页。

第二章 脱贫攻坚同乡村振兴有效衔接中农民主体作用研究

如何争取和团结农民,发挥农民进步作用是马克思恩格斯在指导无产阶级革命中所关注的问题。马克思恩格斯认为农民是一个具有两重性的阶级,既有革命的一面,又有保守的一面。农民"由于土地分散和不识字而没有可能表现任何有效的主动精神"①,这种革命力量具有潜在性。如何把农民团结到无产阶级政党周围成为无产阶级政党的重要任务。马克思恩格斯联合农民的策略主要围绕两个途径:一是对农民开展思想政治教育。受居住环境和生产方式等因素的影响,农民阶级缺乏对革命的态度和热情,必然需要无产阶级的引导。恩格斯认为"唤起这个阶级并吸引它参加运动,是德国工人运动首要的最迫切的任务"②,明确了无产阶级唤醒农民革命意识的使命。马克思恩格斯认为要通过思想政治教育使农民认识到造成自身贫困状况的根本原因及社会历史发展方向,抛弃陈旧、错误的思想观念,努力把农民吸引到革命队伍中来,成为无产阶级的可靠同盟军。列宁认为,"教育任务……对于无产阶级在人口中占少数的俄国尤其重要"③,教育工作者的首要任务,"就是帮助培养和教育劳动群众"④,帮助他们克服旧制度遗留下来的私有者的习惯和风气。此外,列宁还强调要用说服的方式引导农民走社会主义道路,认为农民是"小生产者",应该用"一切宣传手段、一切国家力量、一切教育、一切党的手段和力量来说服非党农民"⑤。二是实现农业的社会主义改造。马克思恩格斯从"小农必然灭亡"的角度,提出无产阶级决不能用暴力剥夺小农,应通过崭新的生产方式来吸引农民,"首先是把他们的私人生产和私人占有变为合作社的生产和占有"⑥。也就是说,通过废除私有制,组织大规模的农民合作社,开展集体经济,吸引农民参与到阶级斗争中来。列

---

① 《马克思恩格斯选集》(第四卷),人民出版社2012年版,第323页。
② 《马克思恩格斯选集》(第三卷),人民出版社2012年版,第31页。
③ 《列宁选集》(第四卷),人民出版社2012年版,第302页。
④ 《列宁选集》(第四卷),人民出版社2012年版,第303页。
⑤ 《列宁选集》(第四卷),人民出版社2012年版,第353页。
⑥ 《马克思恩格斯选集》(第四卷),人民出版社2012年版,第370页。

宁也系统阐述了农业社会主义改造的思想,他明确指出合作社是小生产过渡到社会主义的最好形式,"在生产资料公有制的条件下,在无产阶级对资产阶级取得阶级胜利的条件下,文明的合作社工作者的制度就是社会主义的制度"。① 列宁还提出了无产阶级国家应当给合作社经济方面的支持,实现农业的社会主义改造。

综上所述,马克思主义经典作家关于农民作用的重要理论是研究脱贫攻坚同乡村振兴有效衔接中发挥农民主体作用的思想根基。经典作家关于农民在无产阶级革命中的重要作用及农民实现自身解放路径选择的思想理论,为充分发挥农民在两大战略有效衔接中的主体作用提供了方向指引。

(二) 中国共产党历代领导人关于农民主体作用的相关论述

在党的百年奋斗历程中,中国共产党始终高度重视农民群众的主体地位,为激发农民主体性和发挥农民主体作用提出了一系列新思想、新观点、新论断,对脱贫攻坚同乡村振兴有效衔接中发挥农民主体作用研究具有直接、现实的理论借鉴意义。

1. 新民主主义革命时期关于农民主体作用的重要论述

新民主主义革命时期,中国共产党的根本任务是通过革命实现民族解放、国家独立。这一时期以毛泽东同志为代表的中国共产党人将农民问题与党的革命任务结合起来,提出通过解决农民问题来解决中国革命问题。

第一,"农民问题乃国民革命的中心问题。"② 1925 年,在《中国社会各阶级的分析》中,毛泽东同志运用阶级分析方法,对中国社会各阶级的经济状况及对革命的态度进行分析,指出"中国无产阶级的最广大和最忠实的同盟军是农民"。③ 批评了当时党内存在的"左"

---

① 《列宁选集》(第四卷),人民出版社 2012 年版,第 771 页。
② 《毛泽东文集》(第一卷),人民出版社 1993 年版,第 37 页。
③ 《毛泽东选集》(第一卷),人民出版社 1991 年版,第 3 页。

第二章 脱贫攻坚同乡村振兴有效衔接中农民主体作用研究

倾和右倾机会主义错误,解决了中国革命最主要的同盟军问题。毛泽东同志不仅将农民看作无产阶级的同盟军,更将农民作为革命的主力,指出:"农民问题乃国民革命的中心问题,农民不起来参加并拥护国民革命,国民革命不会成功"[①]。毛泽东同志吸取大革命失败的经验教训,将农民问题与中国革命相结合,走出来一条"农村包围城市,武装夺取政权"的革命新道路。1935 年,毛泽东同志在瓦窑堡会议上作了《论反对日本帝国主义的策略》的报告,批评了党内存在的关门主义错误观点,指出:"中国工人阶级和农民阶级是中国革命的最坚决的力量"[②],只有组织千千万万的农民群众,建立民族革命统一战线,才能取得抗日民族战争的伟大胜利。

第二,"要增加生力军保护革命,非解决土地问题不可"。[③] 农民最关心的问题就是土地问题。毛泽东同志认为,解决农民问题必须让农民获得土地,只有这样才能调动和激发农民参加反帝反封建的积极性。为了解决土地问题,使农民永远站在革命这边,早在大革命时期,毛泽东同志主张没收大地主、富农土地。土地革命战争时期,毛泽东同志提出土地私有权归农民,逐步形成了"依靠贫农,巩固地联合中农,消灭地主阶级和旧式富农的封建的和半封建的剥削制度"[④]的土地革命路线。抗日战争时期,毛泽东同志提出了"减租减息"的土地政策,削弱了封建剥削制度,激发了农民的抗战热情和积极性,也使地主获得了一定利益,巩固和扩大了抗日民族统一战线。解放战争时期,中国共产党颁布《中国土地法大纲》,正式确立了"耕者有其田"的土地制度,彻底消灭了中国两千多年来封建剥削的土地制度,大幅提升了农民革命积极性。

---

① 中共中央文献研究室编:《建党以来重要文献选编(1921—1949)》(第四册),中央文献出版社 2011 年版,第 384 页。
② 《毛泽东选集》(第一卷),人民出版社 1991 年版,第 144 页。
③ 中共中央文献研究室编:《建党以来重要文献选编(1921—1949)》(第四册),中央文献出版社 2011 年版,第 168 页。
④ 《毛泽东选集》(第四卷),人民出版社 1991 年版,第 1250 页。

第三,"严重的问题是教育农民。"① 毛泽东同志认为农民具有封建、保守等阶级局限性,要让农民积极参与到革命和建设中来发挥主体作用,只有通过农民教育,唤醒农民革命意识,帮助农民觉悟起来、组织起来,才能依靠农民取得革命胜利。这一时期,中国共产党以思想政治教育为主,组织领导了海陆丰农民运动、创立农民夜校以唤醒农民革命的积极性。大革命失败后,党的工作重心转向农村,这一时期中国共产党初步建立了较为完善的农民教育体系,将农民思想政治教育与文化教育、军事教育相结合,成立中央农业学校、补习夜校等农民教育机构,为革命事业的顺利开展培养了大批后备力量。

2. 社会主义革命和建设时期关于农民主体作用的重要论述

新中国成立后,如何尽快建设一个新中国是摆在中国共产党人面前的首要问题。为尽快恢复国民经济,恢复和发展农业生产,中国共产党领导农民开展互助合作、发展集体经济、大办农村教育,激发了农民生产积极性和政治热情,取得社会主义革命和建设的重大成就。

第一,走农业合作化道路,调动农民集体合作生产积极性。新中国成立后,中国共产党在全国范围内进行土地制度改革,到 1953 年,全国 90% 的农业人口完成土改,广大农民彻底摆脱了地主阶级的剥削,真正成为土地的主人和农业农村发展的主体。1953 年,中国共产党开始对农业进行社会主义改造,毛泽东同志指出:"个体农民,增产有限,必须发展互助合作"②,积极鼓励、引导农业农村走互助合作的道路,强调农民只有走集体化道路,才能实现共同富裕。1956 年年初,全国农村基本实现农业生产合作社全覆盖,实现了农村土地从农民个人私有制到合作社和集体所有的转变,提高了农业生产力,调动了广大农民的积极性和主体性。农业社会主义改造开启了农村支持城市、农业支持工业的发展格局,毛泽东同志指出:"国家工业化又要

---

① 《毛泽东选集》(第四卷),人民出版社 1991 年版,第 1477 页。
② 《毛泽东文集》(第六卷),人民出版社 1999 年版,第 299 页。

靠农民的援助才能成功"①，在亿万农民的支持下，中国初步建立了较为完整的工业体系。

第二，强化农民思想改造和文化扫盲教育。新中国成立后，为发挥农民主体作用实现社会解放和全面建设新中国，中国共产党开展了大规模的农民思想改造和扫盲识字运动，不断提升农民的思想文化水平。中国共产党强调要"继续努力扫除文盲，发展小学教育，开展工农群众的业余教育"。② 教育部成立识字委员会等机构，指导农村扫盲改造的开展。这一时期，全国范围内掀起了"农业学大寨"运动，充分激发了亿万农民群众在农业农村发展中的巨大力量。

3. 改革开放和社会主义现代化建设新时期关于农民主体作用的重要论述

1978年，党的十一届三中全会拉开了改革开放和现代化建设的序幕。党充分尊重农民的主体性、积极性和创造性，就如何调动农民积极性，发挥农民在农业农村发展中的主体作用进行了卓有成效的探索和创新。

党的十一届三中全会后，邓小平同志结合中国社会主义建设的特点，高度肯定了农民在改革开放中的主体地位和作用。邓小平同志从中国实际出发，认为农民是中国改革发展的重要推动力量，指出："农村搞家庭联产承包，这个发明权是农民的"③，"乡镇企业……不是我们领导出的主意，而是基层农业单位和农民自己创造的"④，深刻反映出广大农民在农村改革和发展中的实践主体作用。邓小平同志将调动农民积极性和保障农民物质利益结合起来，强调："不讲多劳多得，不重视物质利益，对少数先进分子可以，对广大群众不行，一段

---

① 《毛泽东文集》（第六卷），人民出版社1999年版，第80页。
② 中共中央文献研究室编：《建国以来重要文献选编》（第九册），中央文献出版社1994年版，第213页。
③ 《邓小平文选》（第三卷），人民出版社1993年版，第382页。
④ 《邓小平文选》（第三卷），人民出版社1993年版，第252页。

时间可以，长期不行。"① 为保障农民物质利益，邓小平同志提出了一系列促进农民增收致富的思想，全国推广家庭联产承包责任制、实施"多予少取"的方针、改革土地经营制度、发展乡镇企业等。同时，推动经济快速发展的主要任务决定了这一时期农民教育的主要任务是提高农民职业化水平，邓小平同志强调要将农民教育的重点转移到学习科学技术上来，为农村改革发展提供人才动力。

江泽民同志在总结中国农村改革基本经验中，指出："农民的积极性是发展农业和农村经济的根本。"② 将调动农民积极性作为检验农村政策的根本标准。针对农业结构不合理，农民收入增长缓慢等问题，江泽民同志明确指出："增加农民收入是一个带有全局性的问题。"③ 他强调要加快农村税费改革，减轻农民负担；加强农村金融改革，为农民发展提供经济支持；由传统的救济式扶贫转向开发式扶贫，实现农民小康以促进农民增收。江泽民同志针对社会主义市场经济条件下"三农"发展的实际，高度重视农民的科学文化知识教育，提出："要狠抓科教兴农，把农业发展转到依靠科技进步和提高农民素质的轨道上来。"④ 高度重视农业科研技术的推广和教育宣传工作，提倡"三教统筹"和农科教相结合，对提高农民综合素质具有重要意义。

进入 21 世纪，胡锦涛同志从全面建设小康社会和中国特色社会主义事业发展的全局出发，指出："亿万农民是建设社会主义新农村的主体"⑤，强调要充分发挥农民的主体作用，确保社会主义新农村建设顺利推进。党的十六大以后，党中央将增加农民收入作为解决"三农"问题的重要价值目标，胡锦涛同志提出了稳定和完善农村土地承

---

① 《邓小平文选》（第二卷），人民出版社 1994 年版，第 146 页。
② 《江泽民文选》（第二卷），人民出版社 2006 年版，第 209 页。
③ 《江泽民文选》（第二卷），人民出版社 2006 年版，第 216 页。
④ 中共中央文献研究室编：《十四大以来重要文献选编》（下），人民出版社 1996 年版，第 1950 页。
⑤ 《胡锦涛文选》（第二卷），人民出版社 2016 年版，第 418 页。

包关系，保障农民各项土地权益；坚持"四取消，四补贴"；保护农民工的合法权益等一系列惠农政策，减轻了农民负担，增加了农民收入。胡锦涛同志在党的十七大报告中指出："积极培育有文化、懂技术、会经营的新型农民，发挥亿万农民建设新农村的主体作用。"① 明确了开展农民教育的目标，对实现农民职业化和农业现代化具有重要意义。

4. 中国特色社会主义新时代关于农民主体作用的重要论述

党的十八大以来，以习近平同志为主要代表的中国共产党人深刻洞察新时代中国"三农"工作面临的新形势和新机遇，坚持把解决"三农"问题作为全党工作的重中之重，强调在"三农"工作中坚持群众主体，并就如何激发群众积极性和主动性作出了一系列重要论述。

第一，"农村要发展，根本要依靠亿万农民"。② 习近平总书记高度重视农民在"三农"工作中的主体地位，认为"三农"事业是农民群众自己的事业，"三农"工作的开展离不开农民群众的参与和支持。在脱贫攻坚过程中，习近平总书记指出："群众参与是基础，脱贫攻坚必须依靠人民群众……发挥人民群众主动性"，强调党在农村各项事业的发展都要充分尊重农民意愿，"把选择权交给农民，由农民选择而不是替农民选择。"③ 切实发挥农民的主体作用，行使当家作主的权利。党的十九大提出了"实施乡村振兴战略"，明确指出要"充分尊重农民意愿，切实发挥农民在乡村振兴中的主体作用"，高度肯定了农民的主体地位和主体作用。"坚持农民主体地位"是新时代农业农村发展必须坚持的基本原则。

---

① 中共中央文献研究室编：《十七大以来重要文献选编》（上），中央文献出版社2009年版，第18页。
② 韩俊主编：《实施乡村振兴战略五十题》，人民出版社2018年版，第48页。
③ 中共中央文献研究室编：《十八大以来重要文献选编》（上），中央文献出版社2014年版，第671页。

第二,"中国要富,农民必须富。"① 没有农民的富裕就没有国家的富强,只有保障农民的物质利益,才能充分激发农民参与农业农村发展的积极性和主动性。实现农民富裕,激发农民积极性,首先要解决贫困地区的农民贫困问题。党的十八大以来,党中央实施精准扶贫战略,牢牢抓住提高农民收入水平这条底线,通过产业就业等帮扶措施,贫困群众生活水平明显提高,内生动力和活力明显增强。到 2020 年年底,中国脱贫攻坚取得全面胜利,农民实现了"两不愁三保障",极大提升了农民的积极性。同时,党中央提出了一系列战略举措以构建农民增收的长效机制,提高种地集约经营、规模经营来提高农业生产水平,增加农民收入;加大农民职业技能培训,引导农村劳动力就业转移;增加农业补贴力度;深化农村产权制度改革,以"三权分置"为主要举措盘活农民承包地和宅基地,赋予农民更多的财产权利,更大程度地激发了农民的积极性和主体活力。

第三,"提高农民,就要提高农民素质。"② 农民主体作用的发挥很大程度上取决于农民的主体意识和能力水平。习近平总书记针对我国农业农村发展进程中"谁来种地"这个基本问题,指出:"核心是要解决人的问题……培养有文化、懂技术、会经营的新型农民……加大农业职业教育和技术培训。"③ 通过提高农民职业技能水平来提高农民主体力量。在脱贫攻坚过程中,习近平总书记多次强调:"加强扶贫同扶志、扶智相结合"④,依托农民夜校、新时代文明实践中心等,大力发展职业教育和培训,以提升农民群众发展生产和务工经商的基本技能,激励广大农民群众依靠自身主体力量实现脱贫致富。

---

① 中共中央党史和文献研究院编:《习近平关于"三农"工作论述摘编》,中央文献出版社 2019 年版,第 3 页。
② 中共中央党史和文献研究院编:《习近平关于"三农"工作论述摘编》,中央文献出版社 2019 年版,第 142 页。
③ 中共中央文献研究室编:《十八大以来重要文献选编》(上),中央文献出版社 2014 年版,第 679 页。
④ 《习近平谈治国理政》(第三卷),外文文献出版社 2020 年版,第 158 页。

第二章　脱贫攻坚同乡村振兴有效衔接中农民主体作用研究

综上所述，中国化马克思主义农民主体思想在丰富马克思主义经典作家相关农民思想的基础上，为研究脱贫攻坚同乡村振兴有效衔接中发挥农民主体作用提供直接理论来源。其一，中国历代领导集体关于农民主体作用的思想，从历史的角度说明了农民在脱贫攻坚同乡村振兴有效衔接中的现实意义。其二，中国历代领导集体关于如何提升农民主体性、发挥农民主体作用的思想理论为两大战略衔接中发挥农民主体作用提供了强有力的思想支撑。

（三）中华优秀传统文化中"以农为本"的思想

农本，即以农业、农民为本。中国传统以农为本思想的出发点是古代统治者力图使农民安心从事农业生产，为国家提供稳定的赋税来源，维护国家政治秩序。农本思想虽是维护封建统治阶级的根本利益，具有浓厚的政治色彩，但其中对务农者的重视以及富民、养民思想为新时代"三农"工作提供了精神动力和文化支撑。

中国自古以来就是一个农业大国，农业是具有决定意义的生产部门，也是民众安身立命的根本，由此决定了从事农业生产的人必将居于主体地位。陆游在《丁未严州劝农文》中就已指出，"农为四民之本，食居八政为先"。战国中期，各诸侯国认识到要实现富国并在战争中取得胜利，必须依赖于农业和农民。商鞅在《农战》中提出："国不农则于诸侯争权，不能自持也，则众力不足也。"他认为统治者要达到富国强兵的目的，首先要使农民安心从事农业生产，"令民归心于农，是圣人的治国之要"。为集中力量发展农业，维护封建统治阶级的利益，中国古代历代王朝开始推行重农抑商的经济政策。秦汉之后，思想家将是否实行重农抑商政策作为品评国家政治得失的根本标准。这一时期重农思想的代表者贾谊认为汉代工商业的发展是"背本逐末"，提出"今殴民而归之农，皆著于本，使天下各食其力。末技游食之民转而缘南亩，则畜积足而人乐其所矣"。体现出先哲们对农业、农民的高度重视。

古代思想家和政治家认识到吸引务农者从事农业生产，需要对百姓实行仁政，体恤百姓，关心务农者的切身利益尤其是物质利益。为此，思想家、政治家提出了一系列富民、养民理念，其富民、养民的途径主要围绕轻徭薄赋、劝课农桑、勿夺民时、减轻刑罚等方面。荀子提出以政裕民的政策，"轻田野之税……罕兴力役，无夺农时，如是则国富矣"。[1] 商鞅因看重农业、农民对富国强兵的重要性，主张奖励耕战之人，确立封建土地私有制的经济基础，对于调动农民的生产积极性具有重要意义。汉代思想家董仲舒认为："薄赋敛，省徭役，以宽民力。然后可善治也。"[2] 明中叶著名的经济思想家丘浚强调："民之富，则君之富也。"针对明中叶土地兼并兴盛，大量失地农民流离失所的情况，丘浚提出配丁田法，保证了农民的土地生产资料。同时，他还提出"轻税薄赋"的观念，他认为国家征收赋税是必要的，"虽以为国，实以为民"，强调"治国者不能不取于民，亦不可过取于民。不取乎民则难乎其为国，过取乎民则难乎其为民"。[3] 倡导爱民节用，通过兴办学校养民德、安民心，对于务农者休养生息和发展生产具有重要意义。

二 脱贫攻坚成效为衔接期内农民主体作用发挥奠定实践基础

党的十八大以来，中国共产党团结全党全国各族人民的力量，打赢了人类历史上规模最大的脱贫攻坚战，历史性地解决了绝对贫困问题。农民主体性在脱贫攻坚过程中不断提升，为脱贫攻坚同乡村振兴有效衔接中更好发挥农民主体作用奠定了坚实的基础。

（一）农民生活水平显著提升

实现贫困地区农民人均可支配收入增长幅度高于全国平均水平是我国脱贫攻坚的重要目标之一。农民主体作用需要附着于一定的物质经济基础之上才能更积极主动地发挥出来，生活水平的明显提高可以

---

[1] （战国）荀子：《荀子》，（唐）杨倞注，上海古籍出版社2014年版，第109页。
[2] （东汉）班固：《汉书》，（唐）颜师古注，中华书局1962年版，第1137页。
[3] （明）丘濬：《大学衍义补》（二册），吉林出版集团2005年版。

第二章 脱贫攻坚同乡村振兴有效衔接中农民主体作用研究

激发农民群众自主发展的内生动力,实现高质量可持续减贫。经过八年的持续奋战,农村贫困群众收入水平明显提高,生活质量显著改善,具体表现为:

第一,收入持续较快增长。国家脱贫攻坚普查数据显示,贫困地区农村居民人均可支配收入从 2013 年的 6079 元增加到 2020 年的 12588 元,年均实际增长 9.2%,比全国农村年均实际增速快 2.2 个百分点。建档立卡贫困人口人均纯收入从 2015 年的 2982 元增加到 2020 年的 10740 元,年均增幅 29.2%。同时,农村贫困人口收入结构持续优化。农民工资性收入从 2013 年的 2269 元增加到 2020 年的 4444 元,占可支配收入比重的 35.3%;2020 年贫困地区农民人均经营净收入达到 4391 元,占可支配收入的 34.9%,其中,二、三产业经营净收入占可支配收入提高,一产经营净收入占比明显下降,收入结构日趋优化。[1]

第二,生活质量全面提高。脱贫攻坚结束后,贫困群众"两不愁三保障"质量水平明显提升,贫困人口长期的出行难、用电难、上学难、通信难、看病难等问题得到历史性地解决,贫困群众基本生产生活条件明显改善。据国家统计局贫困监测数据显示,2020 年,790 万农户的危房得到改造,住居竹草土坯房的农户比重下降至 7.0 个百分点,实现了住房安全有保障。贫困地区基本全面实现行政村通公路,所在自然村有卫生站的农户比重达到 96.1%,基本实现小病不出村、常见慢性病不出县,饮水无困难农户比重达到 95.9%,贫困地区义务教育控辍保学实现动态清零,10.8 万所义务教育薄弱学校的办学条件得到改善,全国农村大电网覆盖范围内全部通动力电,农网供电率达到 99%。[2] 贫困地区基础设施和公共服务水平明显改善,提升了贫困

---

[1] 《人间奇迹》编写组:《人间奇迹——中国脱贫攻坚统计监测报告》,中国统计出版社 2021 年版。
[2] 国家统计局住户调查办公室:《中国农村贫困检测报告(2020)》,中国统计出版社 2020 年版。

人口内生发展动力。

（二）农民精神面貌显著改变

农民精神面貌体现着农民群众的思想观念和精神信念，是农民意识活动的外在表现，以普遍性、隐蔽性的力量影响着农民群众的行为选择。农民精神面貌积极向好，不仅体现了农民对乡村社会转型的积极回应，同时也构成了新时代乡村文明新风尚，为农民主体作用的发挥提供了强大的精神支撑和良好的文化生态环境。脱贫攻坚的成功实践，不仅解决了物质短缺的绝对贫困问题，也使贫困群众的精神世界得到充实和升华，具体表现为：

第一，内生动力不断提升。精准扶贫的成功实施，唤醒了贫困群众对美好生活的追求，提升了主体意识和主人翁精神。广大贫困群众精神懈怠、消极无为、安于现状的依附心理逐渐得到消解，催生了独立自主、自力更生、艰苦奋斗的思想，提振了贫困群众改变贫困面貌的干劲和决心；精准扶贫实践最大限度地整合了农民的集体行动能力，包容性发展理念增加了村庄内部的社会关联度，激发了农民的公共意识和公共精神；农民封闭落后的思想观念逐渐受到开放意识、市场意识、规则意识等的影响，传统保守的小农经济思想转变为多元开放的市场经济思想；科技在农业领域的广泛运用，不仅增加了农民的物质财富，也使农民看到了科学技术的力量，开始崇拜科学技术，摒弃了封建愚昧的落后观念。

第二，文明乡风广泛弘扬。乡风是农民价值取向和社会文明程度的集中体现，对群众行为选择具有潜移默化的影响。在我国脱贫攻坚实践中，各地积极推行移风易俗实践活动，培育文明新风，贫困地区文明程度显著提升。如湖南省平江县三里村在抓好脱贫攻坚工作的基础上，推动家风建设和移风易俗"严"起来。截至 2022 年 3 月，三路村共规范简办婚丧事宜 85 例，劝导其他事宜不办酒席 76 起，[1] 农

---

[1] 《湖南省平江县三里村：以家风建设激发由贫转强的蓬勃动力》，中华人民共和国农业农村部网，http://www.moa.gov.cn/xw/bmdt/202203/t20220324_6393851.htm。

村社会风气明显好转。贫困地区喜事新办、丧事简办、他事不办、睦邻友好、孝老爱亲、扶弱助残、勤俭持家等的现代化文明乡风逐步形成，农民开始追求科学健康、绿色环保的现代文明生活习惯，为贫困群众脱贫致富营造了积极向上、向好的文化环境。

（三）农民自主发展能力不断提升

农村贫困问题的本质是贫困人口能力的贫困。贫困群众自主发展能力的提升是实现可持续脱贫，破解贫困周期性困局的根本保障。提升农民科学素质和发展能力，能够让农民更好地掌握农业生产实用技术和现代信息技术，依靠自己的双手实现脱贫致富，同时也为乡村建设发展提供主体支撑。

第一，农民健康状况明显改善。健康是个人实现自主发展的必要基础和重要保障。党的十八大以来，党中央致力于打破疾病与贫困的恶性循环和代际传递，扎实推进健康扶贫工程，实现了贫困人口健康水平的全面提升，因病致贫问题基本得到解决。截至 2019 年年底，大病集中救治累计 404 万人，其中确诊病例 274403 例，已救治 268735 例，治愈好转率 46.13%。全国贫困人口医疗保障覆盖率达 99.99%，基本实现应保尽保。贫困地区医疗卫生服务能力显著提高，99% 以上的乡镇和行政村有卫生院和卫生室。[①] 相关部门针对"三区三州"的包虫病、结核病、艾滋病等重大传染性疾病开展综合防治，检测发现率、治疗覆盖率、治疗成功率均呈现上升态势。健康扶贫工作的有效开展使贫困人口健康水平明显改善。

第二，农民技能水平明显提升。贫困不仅表现在收入和物质方面的匮乏，更表现为行为能力的缺失。针对农村贫困人口文化素质低、劳动技能不足的现实，在精准扶贫过程中，党和各级政府开展教育扶贫和技能扶贫，全面提升贫困人口文化素质和技能水平。截至 2018

[①] 《我国贫困人口参保率稳定在 99.9% 以上 住院总体报销水平可达 80%》，中国政府网，https：//www.gov.cn/xinwen/2020-11/21/content_ 5563122.htm。

年，全国建立1.17万所职业院校，在校生2685.5万人。① 在产业扶贫过程中，70%以上的贫困户接受了生产指导和技术培训，累计培养各类产业致富带头人90多万人。② 高素质农民队伍数量及受教育程度都在不断优化，截至2018年，全国共有高素质农民近1700万人，与2017年相比，增长率为8.79%。拥有高中及以上文化程度的占高素质农民总量的31.1%，17.8%的高素质农民正在接受学历教育。农村贫困人口的文化素质和劳动技能显著提高。

（四）农村党群干群关系更加密切

农村基层党组织是农村全部工作的领导核心，是党沟通农民参与乡村事务的组织桥梁。农民主体作用的发挥离不开农村基层党组织的全面领导。基层党组织坚强有力，不仅能够赢得农民的认可和信任，密切党群干群关系，也推动党的"三农"政策的有效落实。党的十八大以来，党中央高度重视基层党组织在农村工作中的领导作用，巩固了党在农村的执政基础，为农民主体作用的发挥提供了坚强领导核心。

第一，提升了农民对党组织的政治信任。在脱贫攻坚过程中，党中央明确要求县级政府涉农资金的使用以及项目设计、实施和验收等环节要坚持群众参与、公示公告，提高项目实施的透明度，增强了贫困群众的获得感和参与感。同时，第一书记在嵌入基层治理过程中，利用政治势能完善制度范式，如帮助成立村民理事会、监事会、议事会等村民自治组织；通过健全党务管理制度、落实"三会一课"等严格规范党内政治生活；健全村务管理制度、完善一事一议和四议两公开制度，化解两委矛盾和干群矛盾；以制度约束的形式，严惩基层党员干部不作为、"一言堂""微腐败"等行为，有效保障了农民的政

---

① 《新中国70年职业教育改革发展历程》，中华人民共和国教育部政府门户网，http://www.moe.gov.cn/jyb_xwfb/s5147/201909/t20190927_401296.html。

② 《人间奇迹》编写组：《人间奇迹——中国脱贫攻坚统计监测报告》，中国统计出版社2021年版，第84页。

治民主权利，基层治理能力不断提升，党群干群关系明显改善。

第二，提升了农民对党员干部的情感信任。中国共产党推进抓党建促脱贫攻坚，向贫困村选派第一书记和驻村工作队，广大党员干部与贫困群众开展结对子帮扶，长期与贫困群众同吃同住，开展入户走访和调研工作，深入了解贫困群众的所思所想所盼，努力解决农民实际困难。基层党组织脚踏实地为群众办实事、谋利益、促发展的工作作风拉近了党组织与群众之间的关系，培养了农民对基层党组织的情感认同和价值认同，增强了广大群众坚定不移跟党走、听党话的信心和决心。

第三，提升了农民对党员干部的能力信任。第一书记和驻村工作队作为国家治理向基层治理嵌入的代理人，以其丰富的人力资源和社会资源为贫困村的脱贫致富提供了资源支持和实现路径。第一书记一般拥有较高的学历背景和丰富的工作经验，在提高党组织战斗力，增强贫困村发展规划和生产组织化领导力供给的同时，运用其独特的社会资本为贫困村争取到更多的社会资源支持，促进贫困村的发展，切实解决了贫困群众急需急盼的问题，增加了农民对党组织的能力信任。

第二节 脱贫攻坚同乡村振兴有效衔接和发挥农民主体作用的关系探讨

正确认识和处理脱贫攻坚同乡村振兴有效衔接和发挥农民主体作用的内在逻辑关系，关系到两大战略有效衔接中农民主体作用发挥的实效，关系到乡村振兴战略的实施进度和质量，关系到农民全面发展价值目标的实现。

一 发挥农民主体作用是脱贫攻坚同乡村振兴有效衔接的内在要求

发挥农民主体作用作为实现脱贫攻坚同乡村振兴有效衔接的内在

要求，主要体现在发挥农民主体作用是巩固拓展脱贫攻坚成果的现实需要、缓解农村相对贫困的必然要求、推进农业农村现代化的根本依托三个方面。

（一）巩固拓展脱贫攻坚成果的现实需要

农民是巩固拓展脱贫攻坚成果综合性场域中最关键的行动者。《意见》明确指出过渡期要实现"从集中资源支持脱贫攻坚转向巩固拓展脱贫攻坚成果和全面推进乡村振兴"[①]，将巩固拓展脱贫攻坚成果作为实现两大战略有效衔接的目标任务。脱贫成果巩固拓展的成效决定了两大战略有效衔接的程度和水平。从整体来看，脱贫成果受两个因素的影响。一是脱贫成果不稳固的问题。贫困的动态性特征决定了消除贫困是一项长期工作，难以在短时间内实现长效稳定脱贫。二是脱贫质量较低的问题。以脱贫效率和政绩为导向的减贫治理行为引发了一系列的偏差，出现了过于强调速度而忽视质量的问题。概言之，"贫困地区和贫困人口短期脱贫与长期可持续发展之间的矛盾"[②]是巩固拓展脱贫攻坚成果不可回避的现实问题。而农民主体作用的充分发挥是解决这一矛盾的现实性要求，关系到脱贫成果巩固拓展的质量和水平。从总体上看，脱贫攻坚各项成果主要是靠外部力量的推动取得的，但这种外在力量的发展空间有限且边际成本较高，难以长期存续下去。因此，巩固拓展脱贫攻坚成果须将"内源式"发展作为贫困治理的价值取向，促使农民将内生动力转化为改善生计质量的实践行动，积极主动地参与到贫困治理中来，才能实现脱贫人口的可持续发展。此外，巩固拓展脱贫攻坚成果最重要的是提高脱贫质量，在稳定脱贫的基础上走向致富，必然要求提升农民自我发展能力。这是因为

---

① 《中共中央 国务院关于实现巩固拓展脱贫攻坚成果同乡村振兴有效衔接的意见》，中国政府网，http://www.gov.cn/zhengce/2021-03/22/content_ 5594969.htm。

② 汪三贵：《脱贫攻坚与精准扶贫：理论与实践》，经济科学出版社2020年版，第290页。

第二章　脱贫攻坚同乡村振兴有效衔接中农民主体作用研究

脱贫与致富是两个层面的问题，脱贫是生存问题，致富是发展问题。[①]要从根本上实现可持续脱贫，渐进共富的发展目标，就必须切实提高农民整体技能水平，更好地激发农民的主体性，依靠自己的双手实现高质量可持续脱贫。由此，发挥农民主体作用能够对脱贫攻坚成果巩固拓展遇到的现实问题做出合理应答，符合巩固拓展脱贫攻坚成果的现实需要。

（二）缓解农村相对贫困问题的必然要求

全面建成小康社会后，中国农村扶贫工作重心将由解决绝对贫困问题向缓解相对贫困问题转变。农村相对贫困问题伴随着中国特色社会主义现代化建设全过程，需要构建相对贫困治理的农民主体逻辑，为相对贫困治理提供主体力量。相对贫困治理是我国精准扶贫政策实施的逻辑延续，也是推动两大战略有效衔接的现实需要，更是实现全体人民共同富裕的内在基础。相对贫困是基于与社会群体相比较而言，表现为个人或家庭所拥有的社会财富或收入远低于特定环境下的社会平均水平以至无法满足社会性需要，也表现为缺乏获得基本生存物质的"可行能力"[②]，更多地强调一种脆弱性、无发言权、社会排斥等社会层面的"相对剥夺感"[③]，具有动态性、主观性、多维性的特征。因此，推进农村相对贫困治理更需要依靠作为反贫困主体的农村相对贫困人口的自我发展能力。发挥农民主体作用，从相对贫困长期性看能为相对贫困治理构建长效机制。贫困治理工作由集中作战调整为常态推进，由短期攻坚战向长期持久作战转变，需要从长效性的角度探讨相对贫困的治理策略，以提升农民内生发展能力为中心的扶志扶智长效机制就成为解决长期性相对贫困问题的关键环节；从相对贫困多维性看能为相对贫困治理增加主体力量。提升农民主体性旨在

[①] 《脱贫与致富》，《北京日报》2020年2月10日第10版。
[②] ［印度］阿马蒂亚·森：《贫困与饥荒》，王宇、王文玉译，商务印书馆2011年版，第183页。
[③] 郭熙保：《论贫困概念的内涵》，《山东社会科学》2005年第12期。

兼顾农民生存、发展以及精神层面诸多需求基础上实现内源式发展，其价值取向表现为解决人作为实践主体的全面发展的问题，这与相对贫困治理满足相对贫困人口多维需求的基本目标相耦合；从相对贫困动态性看能为相对贫困治理提供主体保障。相对贫困会随着经济发展、社会环境等因素的变化而变化，个人和家庭因素是影响贫困动态变化的关键因素，相对贫困治理的一切外在因素要想发挥作用，必须经由农民来实现。无论外在因素如何变化，只要农民主体性得到充分的发挥，就掌握了治理相对贫困的关键变量。由此，相对贫困问题的复杂性与农民主体作用的有效性具有逻辑一致性和内在关联性，充分发挥农民主体作用是缓解农村相对问题的必然要求。

（三）推进农业农村现代化的根本依托

在推进现代化的进程中，人始终是最关键、最核心的要素。就农村而言，加快推进农业农村现代化，就是要发挥农民主体作用，以农民的现代化推进农业农村的现代化。当前我国农业农村现代化正处在脱贫攻坚同乡村振兴有效衔接的关键期、处在全面建设社会主义现代化国家和实现第二个百年奋斗目标的起步期，实现脱贫攻坚同乡村振兴有效衔接是推进农业农村现代化的时代必然，理应把推动农业农村现代化作为有效衔接的重要目标。农业农村现代化是国家现代化的重要内容，是农业、农村、农民"三位一体"的现代化，是农业农村经济、政治、文化、社会、生态"五位一体"全过程、各领域的现代化。① 农民的能力和动力对农业农村现代化的实现具有关键性作用，离开农民的主体性，农业农村现代化不仅是不全面的，也是难以实现的。其一，农民的现代化是推进农业农村现代化的核心目标，更是实现农业农村现代化的力量保障，要求顺应现代化发展全面提升农村人口的综合素质。农民提升自身素质的过程，本质上就是农民主体作用

---

① 姜长云、李俊茹：《关于农业农村现代化内涵、外延的思考》，《学术界》2021年第5期。

发挥的过程。发挥农民主体作用，促进农民全面发展，从而在区域、城乡间形成畅通有序的劳动力流动格局，激活乡村市场、要素、主体活力，推动农业农村现代化的实现。其二，农业农村现代化是"五位一体"高质量发展的现代化。在推进农业农村现代化中发挥农民主体作用，能够转变农业生产方式，促进产业现代化；能够充分体现乡村自治特色，促进治理现代化；能够形成良好的社会风气和文明风尚，促进文化现代化，为推动农业农村现代化提供主体力量支撑。其三，实现农业农村现代化，关键是要处理好传统与现代的关系，既要具有现代气息，又要保留乡村风貌和乡村记忆。而农民作为乡村持续存在和发展的见证者，是乡村价值体系传承的主力军，可以为农业农村现代化增添乡土文化色彩，使之成为农业农村现代化的精神动力支撑。因此，从动力上讲，发挥农民主体作用是推进农业农村现代化的根本依托。

二 脱贫攻坚同乡村振兴有效衔接引领农民主体作用的充分发挥

推动脱贫攻坚同乡村振兴有效衔接通过奠定农民主体作用发挥的基础、赋予农民主体作用新的内容要求、促进农民的全面发展来有力推动农民主体作用的充分发挥。

（一）奠定农民主体作用发挥的基础

农民主体作用的发挥首先建立在社会能够满足农民基本生存需求的基础之上，农民基本需求的满意度决定了农民主体作用的发挥程度。我国绝对贫困问题虽已得到彻底解决，但脱贫成果尚不稳固，部分地区"三保障"水平较低，基础设施和公共服务水平较为落后，难以满足农民基本生存发展需求，这些问题成为衔接期内农民主体作用发挥的重大障碍。巩固拓展脱贫攻坚成果是实现脱贫人口可持续、长效稳定脱贫，提升脱贫地区自身发展能力的关键和基础保障。《意见》明确将巩固拓展脱贫攻坚成果放在衔接期目标任务的突出位置，为巩固拓展脱贫攻坚成果指明了方向。脱贫攻坚巩固拓展工作主要应对脱贫不稳定和基本公共服务短板的现实挑战。党中央提出通过保持主要帮扶政策总体稳定，弥补"两不愁三保障"短板，接续推进脱贫地区稳定发展；加大对欠发达地区的基础设施和公共服务的投入力度，改善欠发达地区的发展环境和外部条件，使农民享有更好的生产生活条件，提升农民群众的生活质量；做好易地扶贫搬迁后续扶持工作，确保搬迁户稳得住、能致富；继续支持脱贫地区乡村特色产业发展壮大，促进农民稳定就业，实现更高质量的产业发展和更充分的就业，不断提高农民可持续增收水平。同时，脱贫攻坚的巩固拓展工作中划定了新的帮扶范围，扩大享受政策的人群范围，将贫困边缘人口作为重点对象，在提高帮扶水平和防止产生"悬崖效应"之间解决好平衡问题，化解相对剥夺感，提高脆弱群体的生活质量和发展能力。总之，脱贫攻坚同乡村振兴有效衔接通过巩固拓展脱贫攻坚成果，满足农民基本生存需求，为农民主体作用的发挥奠定基础。

（二）赋予农民主体作用新的内容要求

推进脱贫攻坚同乡村振兴有效衔接作为乡村全面转型的内在要求，总体上将农民综合素质提升到了新的高度，也对农民主体作用提出了更高要求。一是两大战略有效衔接要求提升农民组织化程度。《意见》提出过渡期内要实现"乡村产业质量效益和竞争力进一步提高"的目标任务。实现这一目标，既需要乡村产业的规模化发展，更需要产业增长模式的转化，势必要求分散化、个体化的农民重新组织联结起来，促进小农户与现代农业发展有机衔接，实现农民与市场、政府资源的有效对接，从而提升产业经营集约化、规模化水平。二是两大战略有效衔接要求进一步改善农民精神风貌。乡村绝对性物质贫困虽然已被消除，但农民精神贫困仍然存在，使农民在推动两大战略有效衔接中缺乏与其要求相符合的主体性特征。"乡风文明建设取得显著进展"是两大战略有效衔接在乡村文化发展方面提出的基本要求。消除农民精神贫困成为过渡期乡风文明建设的重要内容，本质上要求农民自觉摒弃陈规陋习，破除安于现状、听天由命的消极贫困观

第二章　脱贫攻坚同乡村振兴有效衔接中农民主体作用研究

念，全面提升农民精神风貌，达到促进乡风文明建设的实践目标。三是两大战略有效衔接要求提升村民自治组织能力。随着脱贫攻坚的结束，脱贫地区将面对国家帮扶资源输入和组织力量支撑减弱的趋势。顺利推进两大战略有效衔接，完成乡村振兴"治理有效"的总要求，必须在过渡期内提高村级治理水平，激活乡村内部治理资源，促进乡村自治、法治、德治相融合，逐渐形成乡村内部主体参与度更高、治理更有效的乡村治理模式。因此，脱贫攻坚同乡村振兴有效衔接内在要求提升农民组织化程度，解决农民精神贫困问题，增进基层政府与农民自治良性互动，重构农民主体性，使农民主体作用得以发挥。

(三) 促进农民的全面发展

两大战略有效衔接的过程就是农民主体性不断建构的过程，也是农民逐步实现全面发展的过程，有效促进农民主体作用的充分发挥。脱贫攻坚同乡村振兴有效衔接，是在中国开启全面建设社会主义现代化国家新征程中，面对乡村振兴战略的新要求，以"让包括脱贫群众在内的广大人民过上更加美好的生活"为发展目标的实践活动，肩负着促进农民实现全面发展的重任。两大战略有效衔接的基本思路和目标任务为实现农民全面发展，促进农民主体作用的充分发挥指明了前进方向和实施路径。从脱贫攻坚转向乡村振兴，中国农村工作的战略重心以乡村振兴总要求为发展导向，"从解决建档立卡贫困人口'两不愁三保障'为重点转向实现乡村产业兴旺、生态宜居、乡风文明、治理有效、生活富裕。"[①] 把对贫困群众的生存干预转向依托乡村各领域综合治理，把能力、权利、文化、生态等方面纳入乡村建设工作体系中，既关注农民群众的基本生存发展问题，也对农民的全面发展予以高度关注，使农民共享经济、政治、文化、生态、社会等各方面发展成果，其价值归属表现为解决农民作为实践主体的全面发展问题。

---

① 《关于实现巩固拓展脱贫攻坚成果同乡村振兴有效衔接的意见》，人民出版社2021年版，第5页。

另外，实现脱贫攻坚同乡村振兴有效衔接能不断缩小城乡发展差距，为实现农民全面发展破除体制机制障碍。脱贫攻坚同乡村振兴有效衔接旨在解决发展不平衡不充分问题，是补齐欠发达地区民生短板和发展短板的重要举措，为破除城乡二元结构，推动各类要素在城乡之间自由流动，缩小城乡区域发展差距和居民生活水平差距，缓解因收入分配差距带来的相对贫困问题提供了有效路径。总之，脱贫攻坚同乡村振兴有效衔接能够满足农民多维发展需求，解决因收入分配差距带来的教育、医疗、生活品质等方面的困境，为促进农民主体作用的充分发挥创造了重要条件。

三　二者统一于推进乡村全面振兴

脱贫攻坚同乡村振兴有效衔接和农民主体作用充分发挥良性互动、相向而行，都是全面推进乡村振兴的必要条件，两大战略有效衔接有助于巩固拓展脱贫攻坚成果，防止返贫，这是实施乡村振兴的前提；发挥农民主体作用既是全面推进乡村振兴的基本遵循，也是实现乡村振兴的关键因素。

（一）脱贫攻坚同乡村振兴有效衔接为乡村振兴提供基础保障

充分发挥农民主体作用必然推动两大战略有效衔接，更好巩固拓展脱贫攻坚成果。脱贫成果的巩固拓展客观上又为乡村振兴战略的实施搭建了良好实践基础。乡村振兴作为脱贫攻坚的逻辑延续，脱贫成果能否得到良好巩固关系到乡村振兴战略能否顺利实施。习近平总书记强调："打好脱贫攻坚战是实施乡村振兴战略的优先任务。"[①] 只有实现高质量稳定脱贫，才能使乡村振兴战略的实施稳步行进。脱贫成果的巩固拓展为乡村振兴战略的实施奠定了坚实的物质基础和组织前提。过渡期内，巩固拓展脱贫攻坚成果着眼于脱贫地区的发展短板，确立农村低收入人口常态化帮扶机制，完善兜底保障政策；提升脱贫

[①] 《习近平谈治国理政》（第三卷），外文出版社2020年版，第260页。

地区医疗和教育水平，确保脱贫群众都能上得起学、看得起病，巩固"两不愁三保障"水平；加大对脱贫地区、欠发达地区基础设施和公共服务供给力度，逐步建立城乡一体的基础设施网络；推进扶贫产业优化升级，增强产业发展的益贫带动能力，明显增强脱贫地区经济活力和发展后劲；健全常态化驻村工作机制，继续选派驻村第一书记和工作队，进一步提升农村基层治理能力。脱贫成果的进一步巩固和夯实，从基础设施、公共服务、产业、组织、人才等方面推进乡村振兴战略的实施，成为有效实施乡村振兴战略的重要基石。可以说，巩固拓展脱贫攻坚成果的成效决定着乡村振兴战略实施的速度和水平，脱贫攻坚成果越巩固，乡村振兴战略的推进就越顺利。

（二）农民主体作用发挥为实施乡村振兴注入主体活力

实施乡村振兴战略作为乡村现代化转型的内在要求，离不开农民主体力量的支撑，只有在乡村振兴战略实施过程中充分发挥农民主体作用，才能不断激发乡村振兴内生活力，促使乡村振兴战略稳步实施。乡村振兴战略是党中央着眼于社会主要矛盾，以实现乡村产业、人才、文化、生态、组织全面振兴的重大决策部署。在实施乡村振兴战略中发挥农民主体作用，能够为产业振兴提供劳动者。农民主体性的提升可以充分发挥其在发掘农业多功能，开发农村多价值方面的主体作用，培育乡村新产业新业态，可以使农民自主联合起来，发展壮大新型农业经营主体，培育多元化产业融合主体，促进乡村产业振兴；能够为人才振兴提供力量来源。本土农民是乡村人才振兴的重点培育对象，农民主体性的提升可以使农民有意识地、自觉主动地接受职业教育和技能培训，培育乡村建设发展所需的各类人才；能够为文化振兴提供组织者。农民主体性的提升在文化方面表现为农民的文化自信和文化自觉，使农民在乡村建设中以理性、科学的态度发展乡村本土文化，培育文明乡风、良好家风、淳朴民风，振兴乡村文化；能够为生态振兴提供建设者。农民环境卫生意识和生态保护意识的提升有效促使农民自觉践行绿色生产生活方式，挖掘农业生态功能，深化农业绿色发展，积极主动地改善农村人居环境，建设美丽乡村；能够为组织振兴提供治理者。农民具备自我管理和自我服务的能力，可以自主参与乡村治理，深化村民自治实践，发展农民合作经济组织，提高乡村治理能力。

总之，农民主体作用的发挥和脱贫攻坚同乡村振兴有效衔接的良性互动体现出农民在巩固拓展脱贫攻坚成果中的主体价值，有利于提升脱贫地区发展能力，从而有效开展乡村振兴。同时，脱贫攻坚同乡村振兴的有效衔接为农民主体性的提升提供了良好的基础和条件，从而为乡村振兴战略的实施注入主体活力。脱贫攻坚同乡村振兴有效衔接和发挥农民主体作用统一于推进乡村全面振兴。

第三节 脱贫攻坚同乡村振兴有效衔接中农民主体作用发挥的现实困境

综合考量脱贫攻坚对发挥农民主体作用带来的积极成效和奠定的良好基础以及脱贫攻坚有效衔接乡村振兴对农民主体作用提出的新要求，可以发现发挥农民主体作用面临着党组织组织力不强、人口基本态势不佳、产业持续发展乏力、乡风文明建设水平欠佳以及精准扶贫实践中政策执行偏差等挑战，阻碍其在衔接期内发挥应有的现实价值。

一 农村党组织组织力不强导致农民主体缺场

在脱贫攻坚同乡村振兴衔接实践中，农村党组织组织力指农村党组织为巩固拓展脱贫攻坚成果，推动脱贫攻坚同乡村振兴有机衔接而有效整合、调配组织内各种资源要素而形成的整体合力。脱贫攻坚结束后，面临国家组织力量支持减弱的趋势及乡村基层治理工作转变的双重挑战，农村基层党组织组织力不强成为影响农民主体效能发挥的羁绊。

第二章　脱贫攻坚同乡村振兴有效衔接中农民主体作用研究

（一）农村党组织政策执行力不强

政策执行力是农村党组织组织力的核心内容。农村党组织是党中央路线、方针和政策落地的"最后一公里"，其政策执行能力的强弱，直接影响到农民对党的乡村工作政策的认同感，进而影响农民参与农村建设的积极性和主动性。然而，当前农村党组织政策执行力不乏存在弱化成分，影响党的相关政策的有效落实。一是部分基层党组织出现了"歇脚缓劲"思想。习近平总书记指出："在一些地方……党管农村工作的原则放松了、力度削弱了。"[1] 脱贫攻坚任务目标完成后，部分基层党组织认为当前农村地区落后面貌得到了根本改变，觉得现在可以好好喘口气、歇歇脚，放松了对自己的要求，减弱了开展乡村建设工作的激情和热情。思想懈怠、作风散漫严重影响了基层党组织的工作动力、办事态度和责任意识，导致施政行为不规范等问题纠缠在一起，敷衍了事、做面子工程、庸政懒政混日子，难以将脱贫攻坚同乡村振兴有效衔接的各项政策举措落实到位，直接削弱了党组织和农民群众的联系。二是部分基层党组织能力水平滞后于乡村减贫治理转型与经济结构变迁，使相关政策在执行过程中发生执行目标偏离情况。习近平总书记指出："基层党组织组织能力强不强，抓重大任务落实是试金石，也是磨刀石。"[2] 脱贫攻坚结束后，基层治理将转向常规治理，要求基层党组织转变治理方式。然而，部分基层党组织难以突破常规"行事风格"，在执行党的相关政策时存在一定的执行偏差问题。部分农村基层党组织软弱涣散现象仍然存在，党员干部缺乏综合履职能力，思想观念陈旧落后，工作方式缺乏灵活性，执行政策时脱离乡村实际僵化执行党的政策措施，使党的政策变得教条化。部分基层党组织缺乏责任意识，在政策执行过程中伴随着策略主义，衍变

---

[1]　中共中央党史和文献研究院编：《习近平关于"三农"工作重要论述摘编》，中央文献出版社2019年版，第191页。

[2]　中共中央党史和文献研究院编：《习近平关于全面从严治党论述摘编（2021年版）》，中央文献出版社2021年版，第237页。

为变通执行、选择执行等执行病症,导致政策执行不坚定、不彻底,难以达到其应有的实施效果。政策执行力弱化,消解了农民对基层党组织的能力认同,产生了对党组织的不信任感,也弱化了农民群众的积极性和主动性。

(二) 农村党组织思想引领力不强

农村基层党组织的思想引领力关乎农村意识形态建设,影响农民的价值观念和行为选择。脱贫攻坚过程中,农村党组织坚持扶贫先扶志,深入学习党的先进理论和指导思想,带头解放思想、开拓创新,深入贫困群众中宣传党的扶贫方针政策,农民群众对党和国家政策的认同感和满意度明显提升,真正激发了脱贫致富的内生动力。但不可否认,部分农村党组织的思想引领力仍存在一定的问题,难以引领农民群众思想和乡村社会思潮的变迁,"没有思想上的统一,组织上的统一是没有意义的"[1]。部分基层党组织和党员干部思想懈怠,对巩固拓展脱贫攻坚成果,推进脱贫攻坚同乡村振兴有效衔接工作的重要性认识不够,工作的积极性和效率受到一定影响,对过渡期内党的指导思想和方针政策学习的积极性也随之下降,不能准确领会党的"三农"工作政策方针,难以向农民群众进行宣传并落实;部分基层党员干部未能扎实进行"不忘初心,牢记使命"主题教育、党史学习教育,放松了政治理论知识的学习;部分农村党组织未能充分适应农村转型,不善于运用互联网等手段进行政策宣传,组织活动形式单一、内容相对空泛,单一的政治说教形式难以吸引农民群众,很难让农民对党的方针政策产生思想认同,甚至使党组织的思想引领功能走向边缘化;部分基层党组织不能积极宣传社会主义核心价值观和先进思想文化,稀释了党的主流声音在农村的传播力;部分农村党组织欠缺与农村黑恶势力作斗争的能力,使一些宗教势力、封建思想占领农村文化主阵地,甚至部分党员干部存在迷信风水、热衷算卦的

---

[1] 《列宁全集》(第五卷),人民出版社2013年版,第247页。

封建陋习现象,[①]"不信马列,信鬼神",参与或从事宗教活动,严重影响了党组织在农民群众心目中的形象,逐渐失去了农民群众的信任和支持,难以起到思想引领作用。

（三）农村党组织群众动员力不强

农村基层党组织群众动员力是指党组织在调动农民的积极性和主动性,凝聚和团结农民群众的主体力量,推动脱贫攻坚同乡村振兴有效衔接,实现乡村振兴的宏伟战略中表现出的组织、协调和领导能力,农村基层党组织的组织力侧面反映出农民对基层党组织的认可和信任程度。然而,在农村基层治理转型过程中,农村党组织群众组织力不强,减弱了农民参与乡村事业的意愿和热情。一是部分基层党组织服务群众意识淡化,组织动员力和群众感召力下降。农村优秀党员流失现象严重,党组织带头人数量不多且年龄较大、综合素质不高,普遍存在思想固化、解决乡村发展难题能力不强的问题,制约了党组织在群众中号召力的发挥。[②] 脱贫攻坚结束后,农民群众产生了更高水平、更高质量的需求。然而,部分农村基层党组织缺乏服务群众的意识和能力,不愿深入了解农民群众的利益诉求,不清楚农民在生产生活中遇到的困难,难以解决农民最关心、最迫切的问题,不同程度地削弱和减损了党组织的凝聚力和动员力。党员干部"微腐败"不仅使扶贫失效,更引发了党群矛盾,极大损害了党组织的群众组织力。二是部分基层党组织行政化色彩较为严重,加剧了党组织与农民的离心感。部分基层党组织官僚主义倾向严重,在乡村建设中基于工作效率和政绩考量,对农村工作事务"直接包办"或"直接代替"[③],导致农民在乡村公共事务中失去话语权,产生对农村政治及其他事务消

---

① 朱海嘉、甘鸿:《新时代提升农村基层党组织组织力质量的实践路径探析》,《理论导刊》2022年第2期。

② 赵洁、陶忆连:《乡村振兴中提升农村基层党组织组织力研究》,《北京航空航天大学学报》（社会科学版）2021年第1期。

③ 蔡文成:《基层党组织与乡村治理现代化:基于乡村振兴战略的分析》,《理论与改革》2018年第3期。

极淡漠、政治盲从的态度。党组织逐渐脱离农民群众,党群关系日益"悬浮化",非但不能激发农民主体性,甚至可能起到相反的示范效应,导致农民主体长期缺场。因此,在脱贫攻坚同乡村振兴有效衔接实践工作中,往往因为基层党组织不强,导致群众对农村基层党组织的认同度不高出现乡村建设各方面工作无人响应的现象。

二 农村人口基本态势不佳弱化农民主体力量

农民是农村人口最主要的组成部分,是农村各项事业发展的依靠力量。农村人口在两大战略有效衔接中所呈现出来的在人口数量、主体意识、人才构成等方面的基本态势不佳,在一定程度上弱化了农民发挥主体作用的能力。

(一) 农村人口流失现象仍然存在

农民作为乡村建设的核心力量,其主体作用的体现和实现需要有一定数量的人群来支撑。然而,脱贫攻坚完成后,农村人口规模动态减少的趋势仍未得到根本扭转,人力资源流失现象普遍存在。人力资源的流失是表层经济因素和深层城乡二元制度因素交织生成农民发展权益不公平所造成的现象。乡村人力资源流失现象主要有两种表现:一是乡村本土人力资源外流。随着城镇化和工业化的快速推进以及农民经济理性的不断提高,在城市拉力和农村推力的作用下,农村青壮年劳动力大量流失,造成乡村行动主体的不在场,导致农村人口空心化、老龄化问题日益严重。人口的大量流失导致农村人口数量锐减,从而导致乡村建设发展的主体力量明显不足。留守老人、妇女、儿童等群体无法满足乡村现代化建设发展需求,降低了农民主体功能的效力。二是乡村外来人力资源流失。国家高度重视乡村人才资源的建设,脱贫攻坚过程中,为有效破解乡村人才制约瓶颈,国家出台一系列相关政策鼓励各类人才资源向农村流动,为农村摆脱贫困注入活力和动力。但由于城乡资源统筹和一体化建设水平较低,农村在工资待遇、工作环境及各方面配套福利与城市差距甚大,加之农村人才资源开发制度不足、人才培育规划不健全、人才队伍建设缺乏后劲等问题，难以为人才的流入提供持续稳定支撑，不少人才在服务期满后选择离开农村，造成乡村人才资源的大量流失。乡村人才的流失也伴随着资金、技术、知识等各项资源的流失，进一步弱化了乡村建设的主体力量。

（二）农民主体意识相对薄弱

主体的实践活动是建立在行为主体自我意识自觉的基础之上，农民主体意识的觉醒直接对脱贫攻坚衔接乡村振兴进程及实践成效起决定性作用。然而，囿于传统小农思想的根深蒂固及城乡二元结构的长期存在，导致农民自身主体性意识缺乏，从根本上动摇了农民主体作用发挥的根基。农民主体意识相对薄弱主要体现在：一是受传统小农思想的束缚，部分农民缺乏自主发展的精气神。虽然中国乡村正在经历现代化的快速转型，但产生于传统农耕文明的小富即安、安贫乐道、清心寡欲为主要特征的保守型小农经济思想对农民思维方式和行为选择仍具有根深蒂固的影响，使部分农民形成了安于现状、听天由命的传统观念，禁锢了农民的主体意识，使农民缺乏能动性和创造性。二是农民对自身的主体地位和价值没有清晰的认知，缺乏独立性和自主性。城乡二元分割体制的长期存在，从根本上割裂了城市人和农村人的自我意识和自我权力。对于农民来说，户籍制度不仅是对农民身份的确认，更是对其发展资源享有权的确认。城乡平等发展制度壁垒使城乡居民在就业、教育、医疗、社保等方面存在较大差距，这种差异化的权益格局使农民产生自我否定的消极自卑心理，把乡村建设看作领导干部的事情，导致农民在乡村建设中的参与感和效能感降低。三是社会舆论仍有"消极化"色彩，农民群体遭遇负面评价。[1] 长期以来，经过一些媒体平台等的报道和渲染，农民一律被

---

[1] 张剑宇：《乡村振兴中农民主体性表达的递进式逻辑及其优化路径》，《西北农林科技大学学报》（社会科学版）2023年第3期。

贴上"愚、贫、私、弱"等的身份符号，虚缪地认为农民既无能也无主体性，这种思维定式和刻板印象冲击农民的自我定位和自我评价，也使农民习惯于用"我们没有什么本事""靠我们农民没有用"来定位自己，这种片面认识和自我评价严重制约农民主体意识的激发，直接映射到乡村建设实践中就表现为"政府在干，农民在看"，对乡村建设漠不关心和袖手旁观，这种"看客"心理影响农民主体作用的发挥。

（三）农民整体技能水平偏低

农民主体作用的发挥取决于农民自身的能力素质和水平。脱贫攻坚过程中，党中央通过职业技能培训、产业扶贫、科技扶贫等方式，帮助农村贫困人口提高自我发展能力。然而，从总体上看，农民整体技能水平仍然偏低，乡村发展所需的各方面人才仍处于匮乏状态，难以满足两大战略有效衔接的实施要求。同时，针对农民的职业技能培训在实际运行过程中存在供需矛盾，导致农民技能水平的提升相对缓慢。近年来，党中央不断加大对乡村教育的投入力度，但新型职业农民数量与规模和当前乡村建设发展要求仍相去甚远。据《2024年全国高素质农民发展报告》数据显示，2024年高素质农民发展指数为0.5228，大专及以上文化程度的仅占24.61%，受教育程度有所提高，但仍较低。从农村专业技术工作者结构布局来看，传统农业技术人才仍占大多数，而产前、产后所需的农业专业技术人才相对较少，特别是网络信息应用技术、加工及存储农产品等专业人才短缺。同时，农村农业科技和专业人才还存在规模小、学历低、素质低的问题，市场应变能力和乡村产业可持续经营能力较弱。乡村发展还缺乏专业的经营管理人才。当前乡村经营管理人多为村干部，他们普遍老龄化问题严重，对乡村产业经营发展不甚了解，无形中损伤了农村的集体利益。农民自身主体能力不足，成为阻碍其在脱贫攻坚同乡村振兴有效衔接中主体作用发挥的关键因素。

三　乡村产业持续发展乏力消解农民积极主动性

发挥农民在脱贫攻坚同乡村振兴衔接中的主体作用需要稳定的经济支撑。产业扶贫作为脱贫攻坚过程中带动贫困户脱贫致富最具活力的扶贫模式之一。然而，部分乡村产业在基础条件、项目选择、产业结构等方面存在诸多问题，严重影响了扶贫产业的可持续发展，制约了农民主体性的提升。

（一）乡村产业生产配套条件落后

从脱贫攻坚到乡村振兴，农村生产配套条件关系到产业发展的带动能力和续航能力。近年来，在脱贫攻坚大规模资源投入下，农村基础设施建设，尤其是生活基础设施建设已取得较大成就，为乡村产业的发展提供了基本条件。但与城市相比，仍存在较大差距，是制约乡村产业发展和农民增收致富最突出的短板。具体表现为：一是生产性基础设施建设有待完善。在信息通信基础设施建设方面，根据中国互联网络信息中心发布的第53次《中国互联网络发展状况统计报告》显示，截至2023年底，我国城乡互联网普及率差异为16.8%，互联网普及率的显著差距是农村信息网络设备落后、城乡数字鸿沟的重要表现。在数字经济主导的时代背景下，智慧农业基础设施、现代物流仓储以及农村信息基础设施发展滞后将会造成产业发展与市场信息的不对等，严重制约乡村产业数字化转型。此外，在其他基础设施建设方面还存在灌区工程老化失修问题突出、田间水利设施不足、设施农业规模偏小、整体设施装备水平较低等问题。二是乡村产业科技研发能力有待提高。发展壮大乡村产业，不仅需要基础配套设施的完善，还需要强化产业领域关键核心技术攻关。然而，部分涉农企业存在农业科技经费投入偏低、科技研发所需基础实验条件和装备基础设施不完善、科技创新成果转化率不高等问题，阻碍了乡村产业的高质量发展。三是金融支持能力偏弱。乡村产业的发展离不开大量资金支持，金融是乡村产业发展的重要支撑。然而，金融机构的商业逐利思维导致涉农金融资金外流。同时，乡村缺乏金融管理人才，导致大量的涉农金融信贷资源严重流失。农村金融供给水平不足，难以满足产业发展升级和技术创新的金融需求。

（二）产业项目存在跟风趋同现象

项目选择是开展产业扶贫的首要问题，产业项目选择是否合理直接关系到产业扶贫的总体成效和对农户的带动能力。产业选择必须充分发挥农民的主体性，立足乡村地区发展的资源禀赋、市场条件等，合理规划产业布局，才能实现扶贫产业持续发展。然而，在产业扶贫过程中，大多地方采取政府主导模式，以行政思维代替发展思维，将贫困治理混同于指标管理，[①] 导致产业项目短期化、同质化现象严重。囿于精准扶贫考核压力，地方政府在脱贫效率与政绩导向的驱动下，表现为产业扶贫的"急功近利"，不计成本追求短期脱贫效果，不愿将精力放在地方特色产业的挖掘和市场需求的调研上，往往倾向于选择一些"短平快"项目。这些产业普遍生长周期短、规模小，短期内确实可以达到立竿见影的效果，但产业的同质化极易造成市场需求饱和，产生供过于求的现象，违背市场运行规律，导致大量产品降价销售甚至滞销。当市场产销失衡，而地方政府又无力化解危机时，农户将成为首当其冲的受害者，频繁出现"谷贱伤农"的现象，不仅浪费了国家扶贫资源，也极大地挫伤了农户的生产积极性。此外，乡村休闲旅游业也是扶贫产业发展的热门项目。由于休闲旅游业市场进入门槛较低，许多地方政府在趋利性发展逻辑的指导下，简单模仿休闲旅游业示范县、示范村的发展模式，经营模式也主要以观光式或体验式项目为主，造成了休闲旅游业同质化竞争严重，难以形成对农民增收的带动效应。从根本上讲，地方政府主导的扶贫产业片面追求产业发展的短期轰动效应，看重产业的眼前利益而忽视了产业的可持续发

---

① 吕方、梅琳：《"精准扶贫"不是什么？——农村转型视阈下的中国农村贫困治理》，《新视野》2017年第2期。

展，无法与脱贫地区的长远规划和区域协调发展形成有效衔接。这类产业从长远看势必会走向淘汰，影响农民增收的稳定性。

（三）乡村产业发展结构效益不佳

产业发展结构优化不仅是增加农户收入的引擎和动力，也是新发展阶段下实现乡村产业高质量发展的内在要求。然而，无论从产业发展的横向还是纵向来看，都存在结构效益不佳的问题，不利于产业的可持续发展。乡村产业发展结构效益不佳主要表现为：一是扶贫产业多以技术含量较低的种养殖业为主，增收能力十分有限。脱贫攻坚过程中，地方培育了大批带动贫困户增收的扶贫产业，然而，受贫困地区基础设施落后、资金短缺、技术缺乏、人才短缺等因素的限制，地方政府打造的扶贫产业以技术含量较低的种养殖业为主，有些贫困地区依然保留着传统的生产方式，难以应对自然灾害和市场风险。可见，乡村扶贫产业项目仍围绕农业农产品生产，且以传统的种养殖业为主，而对农业的文化功能、教育功能、生态功能等多种功能的挖掘还远远不够，扶贫产业结构比较单一，与二、三产业融合发展程度较低，农民的收益仅仅局限于种植、养殖的初级产品收益。扶贫产业还存在发展规模整体偏小、布局分散、层次低的现象，阻碍了扶贫产业的长效化发展。二是扶贫产业链条较短，难以产生较大的经济效益。由于城乡二元结构的长期存在，市场要素向乡村产业流动仍存在诸多障碍，加之产业发展经济基础薄弱，使部分产业发展在结构方面主要以初级产业加工或粗加工为主。而产业链的其他环节，如仓储、加工、物流、销售等诸多环节的发展严重滞后，多数产业局限于简单的产品生产和初加工阶段。在缺乏精深加工的支撑下，多数产品附加值较低，市场竞争力不足，甚至造成产销脱节，导致资源浪费，产品收益甚微。产业结构单一，难以实现产业的高质量发展和农民持续增收。

四　乡风文明建设水平欠佳降低农民文化认同感

文明乡风是培育和厚植现代农民的沃土，是推进乡村振兴、实现农业农村现代化的灵魂指引和精神内核，也是激发农民自主性、能动性和创造性的精神支撑。然而，当前乡风文明建设面临着乡土文化血脉遭遇存续危机、公共文化服务较为滞后、传统道德失范等难题，难以滋养主体性的生长，使农民对乡村的认同感和归属感降低，从而导致农民参与乡村建设的热情退却。

（一）乡土文化血脉遭遇存续危机

乡土文化根植于地缘、血缘建立起来的"熟人社会"基础上，是乡村社会内生的具有集体仪式感的地方性共识，潜移默化农民的思维方式和行为选择。然而，在中国城镇化快速推进以及农村现代化发展进程中，部分乡土文化出现了生存和延续的危机，使乡土文化价值流失和情感趣味淡化。一方面，乡土文化生存空间缩小，边缘化倾向明显。在工业化城镇化快速发展的大潮下，城市文化强势挤压乡土文化生存空间，乡土文化面临现代化发展迟滞和传统文化传承断裂的危机，逐渐丧失其独特的文化形态。特别是在乡村文化资源整合利用方面，缺乏对当地文化底蕴和农民文化诉求的历史考察，简单照搬城市文化建设模式，对古村落、古建筑进行现代化改造，模糊了不同乡村地区的文化特色，导致乡村建设"千村一面"。乡土文化在现代化发展中被强力遮蔽和隐匿，农民对乡土文化的自豪感和认同感日渐式微。另一方面，乡土文化的空间载体遭到破坏。脱贫攻坚过程中为解决"一方水土养不好一方人"的问题，很多地区实施了易地扶贫搬迁的帮扶模式，却没有充分考虑到易地扶贫搬迁工程的系统性和整体性，导致某些农村被简单地整体搬迁，有的甚至将农民直接从农家院赶进了楼房，这种模式实际上是将乡村文化从原有的空间载体中移出，随之而来的可能是依赖传统乡村空间所存在的民俗活动、生产技能等方面的消失，甚至是原有乡村文化的消亡。据《中国城乡建设统计年鉴》数据显示，从 2010 年至 2020 年，全国自然村数量从 272 万个减少至 236 万个。① 乡村文化载体的衰减使乡村文化发展缓慢而面临虚无的危机，无法将分散化、异质化的农民群体凝聚起来更好发挥主体作用，导致农民对集体缺乏认同感和归属感，这直接反映在农民对乡村建设实践的"不上心""不自觉"的心态上。

（二）乡村公共文化服务较为滞后

乡村公共文化服务是政府向农民提供的用于丰富农民精神文化生活的文化产品，主要包括公共文化基础设施、文化活动和文化产品等。然而，乡村公共文化服务供给过程中出现单调性、错位化等弊端，公共文化服务人文关怀价值的初衷遭到稀释，从而影响了农民主体作用的发挥。主要表现为：一是乡村公共文化服务供给不足。虽然在脱贫攻坚过程中国家持续推进文化下乡，广大农村地区文化基础设施渐趋完善，但部分中西部地区，尤其是国家乡村振兴重点帮扶县由于经济发展水平不高以及长期以来的城乡二元结构，公共文化服务建设仍被边缘化，资金保障不足，使公共文化服务建设进展缓慢。此外，尽管农村公共文化服务的硬件设基本实现全覆盖，但建设标准落后，文化建设主体缺乏，现代化的文化活动设施配备仍显不足，存在形式单一的问题，难以满足农民基本文化需求。二是乡村公共文化服务供给不到位，实际成效不足。乡村基层党组织作为乡村文化供给主体，在公共文化服务建设中无法甄别农民乡土性和地域性的文化需求，往往重视完善基础硬件设施，而忽视文化服务内容的建设，倾向于进行同质化供给，造成了公共文化服务供需分离。当下乡村的一些文化服务供给阵地，如乡村文化站、农家书屋、文化广场等都面临着利用率低、内容质量不高的问题，公共资源浪费现象严重。此外，基层党组织在文化服务供给实践中机械化执行上级规划和指标，致使部

---

① 《中国城乡建设统计年鉴 2020》，统计年鉴网，http：//www.tjnjw.com/hangyefb/c/zhongguo-chengxiangjianshe-tongjinianjian-2020.html。

分基层在文化项目建设中追求"亮点工程",大都偏离了农民本位,公共文化服务供给与农民文化需求之间存在较大错位,导致农民在文化活动参与积极性不高、参与度降低。乡村公共文化服务是农民享有现代文化生活权利的重要载体,公共文化服务发展滞后使农民难以在文化设施中感受到文化满足感和幸福感。

(三) 乡村传统道德面临失范难题

乡村道德文化是乡村文化振兴的重要内容,对于规范农民思维方式和行为举止,塑造农民正确价值观念具有重要作用。尽管中国在脱贫攻坚过程中广泛弘扬文明新风,开展移风易俗实践行动,使农民精神面貌显著改变。然而,部分农村仍然存在道德失范现象,严重制约农民主体作用的发挥。在城镇化和市场化的双重驱动下,一些资本主义特征的文化症结逐渐侵蚀着农民的价值观念,农民的公共精神遭受个体本位主义的冲击,乡村传统的建立在血缘、地缘基础上的熟人社会转变为以经济利益为衡量标准的半熟人社会,农民片面追求个人利益,缺乏传统的集体合作意识和责任意识,拜金主义、极端个人主义等观念逐渐成为农民的行为准则,传统的艰苦奋斗、守望相助、扶弱济困的淳朴民风被市场经济自利性的商品逻辑所代替,蕴含乡村社会价值追求、道德伦理的乡规民约、宗族礼法等道德规范与约束日渐松动而趋于瓦解。另外,乡村现代化进程中,一些劣质文化趁着乡风文明建设滞后的空隙倾入乡村社会,抢占主流文化阵地,"宗教文化""消费文化"兴起,扭曲乡村公共文化和道德伦理。此外,乡村原有不良习俗和文化仍然存在,如部分农村地区不良习俗泛滥,婚丧嫁娶大操大办,浪费、攀比之风兴盛;部分农民仍信奉鬼神之说,修盖庙宇、烧香拜佛、占卜算卦等,封建迷信思想抬头,消解了农民的积极性和创造性。乡村道德失范现象对农民的价值观念、思维方式和行为选择产生了消极影响,降低了农民文化认同感,抑制农民主体意识和主体作用的发挥。

五 精准扶贫实践中政策执行偏差减弱农民内生动力

脱贫攻坚工作以其扶持对象的精准性和扶贫资源和政策的靶向性,解决了以往扶贫工作存在的问题。然而,精准扶贫实践中存在政策执行偏差问题,不仅降低扶贫资源投入的精准度,而且导致农民主体在减贫工作中渐趋"退场",使减贫陷入"无发展式增长",影响了脱贫攻坚衔接乡村振兴过程中农民主体作用的发挥。

(一)"福利叠加"使农民滋生"等靠要"思想

精准扶贫的初衷是通过精准识别贫困人口,采取发展生产、促进就业、健康扶贫、教育扶贫等帮扶措施对贫困人口分类区别、靶向施策,帮助贫困人口摆脱贫困。然而,在国家大规模的资源支持和发展条件的投入下,由帮扶资源层层加码和超水平供给而形成的"福利叠加"效应凸显[①],造成部分农户"等靠要"思想和"争贫"现象,减弱自主脱贫致富的动力。这部分脱贫群众在后脱贫时代极易转化为相对贫困人口,以消极、漠视的态度对待国家各项政策,难以为脱贫攻坚同乡村振兴提供内生发展活力。细言之,国家脱贫攻坚的目标是到2020年农村贫困人口全部脱贫,为提升脱贫攻坚的整体效能,国家分配了大量的贫困户名额,造成部分本不应纳入贫困体系的农民成为贫困户,如高消费贫困、懒惰型贫困等。这部分群体"挤占"了扶贫资源,在享受到扶贫资源收益的同时,更容易形成对福利的依赖,降低了脱贫的积极性。此外,精准扶贫政策还呈现出过度包揽和福利扩大化的形势,即识别出的贫困户,不仅可以享受到因贫困原因本身所带来的帮扶资源和福利,而且住房、教育、医疗、养老等生存发展的福利都包括在内。政府对贫困户过多的责任包揽使贫困人口逐渐边缘化,被动接受政府给予的各项政策,难以主动地、积极地去改变贫困

---

① 汪三贵:《脱贫攻坚与精准扶贫:理论与实践》,经济科学出版社2020年版,第282页。

状态。这种"捆绑式"的帮扶政策容易使贫困人口产生对政策福利的行为和心理依赖,倾向于走等、靠、要帮扶资源实现致富之路,甚至以"自我矮化"谋求国家资源,热衷于直接"拿钱式"脱贫,引发扶贫"上动下不动"的情况,降低了国家扶贫资源的配置效率。这种"逐末行为"消解了农民主体性,使农民陷入贫困治理的福利陷阱,忽视了自我发展的社会价值。

(二)"悬崖效应"使农民产生不公平感

脱贫攻坚过程中,在扶贫政策稳步落实的同时也产生帮扶失衡的矛盾和问题,主要表现为扶贫资源配置不合理带来的"悬崖效益"问题。扶贫政策的"悬崖效应"是指因政策帮扶而形成福利在贫困临界点的落差。[①] 在脱贫攻坚工作中实施精准识别、精准帮扶的政策,旨在使国家帮扶资源精准到户到人,以改变区域性扶贫中瞄准失灵和脱靶的状况。为此,各地均设立严格的贫困线作为贫困识别标准,以提高扶贫资金和项目指向的针对性。然而,从基层实践来看,由于对贫困群体的偏向性投入所带来的公平困境,导致年人均收入在国家贫困线上下摆动的农户成为精准扶贫的"编外人员"。这部分群体收入略高于国家贫困标准线,而未被列为建档立卡贫困户,较少受到脱贫政策的惠及。但他们的境遇与贫困户相差不大,却与贫困户享受着天壤之别的待遇。随着国家扶贫工作的推进,大规模扶贫资源向贫困户集聚,贫困户在政策福利的帮助下顺利脱贫或超标准脱贫,其生活境况可能远远好于游离在贫困线附近的相对贫困群体,造成贫困户与边缘户之间的"悬崖效应"。大量流入贫困户或贫困村的扶贫资源冲击了乡村原本的利益格局,在农村"不患寡而患不均"的传统贫困观念的影响下,诱发部分贫困边缘群体的不满情绪,产生心理不平衡和相对剥夺感,甚至降低了对基层政府的政治信任度,激化贫困边缘户与贫

---

① 王瑜:《论脱贫攻坚中的悬崖效应及其对策》,《中国延安干部学院学报》2018年第5期。

第二章 脱贫攻坚同乡村振兴有效衔接中农民主体作用研究

困户、扶贫干部之间的矛盾。在大量惠农利农政策入村后，农民的权利意识觉醒，开始利用权利来谋私人利益，催生"争当贫困户"现象。扶贫政策的"悬崖效应"使政府公信力受到农户的非议和质疑，影响村庄的稳定和谐，导致脱贫攻坚同乡村振兴有效衔接的内生动力无法生成。

（三）"精英俘获"使农民产生相对剥夺感

基层扶贫干部和村干部作为扶贫政策的最终执行者，在扶贫工作考核压力下，部分基层政府倾向于选择策略性扶贫①，变通执行扶贫政策，突出表现为扶贫资源的精英俘获。在扶贫领域，"精英俘获"是指国家资源自上而下拨付到村庄时，由于参与主体资源禀赋的差异性，贫困户无法按期获得帮扶资源，部分扶贫资源被乡村精英截留或变相转移，导致扶贫资源与既定目标的偏离，背离了扶贫工作的初衷。② 尽管国家针对贫困群体开展了帮扶项目，但是大部分的扶贫项目都需要相应的资源和社会资本才能真正运作起来，贫困群体由于无法提供项目配套资金而难以从扶贫项目和资源中受益。基层政府在追求效率和政绩双重目标的导向下，也倾向于将扶贫项目分配给那些经济条件好的、有一定配套资金的精英农户。村干部与乡村精英差异化的利益需求容易使二者形成利益共同体，这为乡村精英俘获国家扶贫资源开辟了渠道，村干部在获得扶贫项目资源时会优先分配给自己的利益合作者。精英俘获导致村庄出现"帮富不帮穷"的现象，稀释了扶贫资源，非但没有达到既定的减贫和脱贫效果，甚至造成农村内部群体之间贫富差距拉大。当扶贫资源和项目更多地被精英群体获得时，精英的获利和农户的受损持续性发生，使贫困农户产生强烈的相对剥夺感和不公平感，形成对国家帮扶工作的认知偏差，质疑扶贫工

---

① 欧阳静：《压力型体制与乡镇的策略主义逻辑》，《经济社会体制比较》2011年第3期。
② 程璆等：《参与式扶贫治理中的精英俘获困境及对策研究》，《农村经济》2017年第9期。

作的正义性和合法性，导致基层党组织逐渐丧失政治权威和公信力。"精英俘获"现象使国家帮扶资金和项目在分配中面临着目标置换或异化的困境，这在一定程度上使乡村原有的公平正义、伦理道德等的传统观念逐渐消解，走向利己主义、机会主义，阻碍农民积极性和主体性的发挥。

第四节　脱贫攻坚同乡村振兴有效衔接中农民主体作用发挥的路径选择

2025 年是巩固拓展脱贫攻坚成果与乡村振兴有效衔接过渡期的最后一年。在总结过渡期巩固拓展脱贫成果的实践经验，科学分析脱贫攻坚同乡村振兴有效衔接中农民主体作用发挥的制约因素的基础上，从突出基层党组织政治功能、优化农村人口态势、促进乡村产业高质量发展、推进乡村文化振兴、优化政策落实等方面提出进一步深化实践的路径选择，以促进防止返贫致贫工作与乡村全面振兴的深度融合，不仅是实现农业农村现代化的必然要求，也是缩小收入差距、走共同富裕之路的重要保障。

一　突出基层党组织政治功能以筑牢农民主体作用发挥的组织保障

凝聚和发挥农民群众的主体力量离不开强有力的基层党组织的组织保障。突出基层党组织政治功能，既是加强基层党组织建设的重要举措，也是凝聚农民群众智慧和力量，激发农民群众的积极性和创造性的重要抓手。在两大战略有效衔接背景下强化基层党组织政治功能，要求选优配强带头人、增强政治引领作用、建设服务型基层党组织，筑牢农民主体作用发挥的组织保障。

（一）选优配强基层党组织带头人

乡村党组织领导班子成员的政治素质和政治能力是实现政治领

第二章 脱贫攻坚同乡村振兴有效衔接中农民主体作用研究

导、团结动员群众的基本条件。毛泽东同志指出:"许多地方和许多机关工作推不动的一个基本原因,就是缺乏一个团结一致、联系群众的经常健全的领导骨干。"[①] 只有选拔出政治素质好、政策执行力强的高质量带头人队伍才能赢得农民的能力信任和价值认同,增强农民参与脱贫攻坚同乡村振兴有效衔接实践的热情和配合度。

首先,建立乡村振兴驻村工作长效机制。在两大战略衔接阶段,要及时做好巩固拓展脱贫攻坚成果与乡村振兴在工作力量和组织保障方面的衔接,将选派驻村第一书记和工作队的工作方式常态化、制度化,做到帮扶工作不放松、力量不减弱。为保证驻村工作队伍质量,要建立健全相关的选拔、考核和保障机制,打造一支高素质的乡村振兴驻村工作队伍。理顺村"两委"和驻村工作队关系,推动建立驻村工作队与村"两委"互补的有效治理模式,增强领导班子的战斗力。

其次,选优配强村级班子"两委"队伍。坚持忠诚干净担当的选人用人导向,选出能真正代表农民利益,赢得农民信任的带头人。严格选人用人标准,按照党性强、能力强、改革意识强、服务群众意识强的要求,[②] 坚持农民选举和党组织推荐相结合的原则,切实提高"两委"班子领导力和凝聚力。依托选调生招聘、"大学生村官"、东西部党政干部双向交流等外部引进的方式,补齐领导班子队伍。注重挖掘乡村本土治理人才,从青年农民、高校毕业生群体、退伍军人、外出务工经营、乡村致富带头人等乡村能人中把群众信任、能力突出、政治过硬的人选拔到领导班子队伍中来,优化农村党员干部年龄结构、知识结构,焕发党组织活力。

最后,完善党组织带头人考核监督机制。全面从严治党工作重心

---

① 《毛泽东选集》(第三卷),人民出版社1991年版,第898页。
② 曹胜亮、沈虹飞:《基层党组织政治功能实践的考量》,《学校党建与思想教育》2020年第7期。

下沉到农村基层党组织，通过建立农村巡查组、选拔群众监督员、设置群众监督平台等方式，[①] 充分发挥农民监督基层党员干部的作用。完善上下级监督、巡查、舆论监督机制，全方位构建监督网络，对党员干部在领导巩固脱贫攻坚成果、提升脱贫地区整体发展水平、全面推进乡村振兴工作的监督。靶向治理领导干部官僚主义、形式主义作风，严格查处侵犯农民切身利益的"微腐败"问题，稳妥处置不作为、少作为、敷衍了事、面子工程的不合格党员，力求在保持党组织领导班子先进性和纯洁性中增强农民群众对党的信任感，更好地发挥农民主体作用。

（二）强化基层党组织政治引领作用

乡村基层党组织是党在农村全部工作的领导核心，决定了广大农民群众参与乡村建设实践的程度和成效要充分发挥基层党组织的政治引领作用。从农民实际情况来看，只有提高农民对党的指导思想和方针政策的满意度和认同感，才能加快培育乡村振兴的主体自觉，为此要在加强党组织政策宣传力和执行力中强化政治引领。

首先，以加强思想建党实现政治引领。学懂弄通党的指导思想和方针政策是党组织向群众进行宣传的前提，对凝聚群众思想共识，提高基层党组织思想引领力具有决定性作用。以习近平新时代中国特色社会主义思想为引领，利用党校培训和各高校学习阵地对农村基层党员干部进行经常性的思想和理论教育工作。积极开展"两学一做"学习教育、党的群众路线教育实践活动、坚持"三会一课"制度学习宣传党的理论主张。基层党组织要时刻保持与时俱进的思想和工作态度，积极了解党的最新工作要求和农村最新工作动态，准确把握脱贫攻坚同乡村振兴衔接阶段工作的内容和特点，深入认识党的方针政策的核心要义和精神内核，在真学真懂党的思想理论的基础上引导农民

[①] 李长学：《新时代农村基层党组织组织力现状与提升》，《理论导刊》2019 年第 7 期。

第二章　脱贫攻坚同乡村振兴有效衔接中农民主体作用研究

群众的思想。

其次,以增强理论宣传力实现政治引领。党的路线方针政策只有获得农民的思想认同,才能激发农民参与乡村建设的精神动力。基层党组织要创新党的方针政策宣传工作,以最契合农民发展诉求和实际情况的形式开展理论宣传工作,用舆论的力量培养农民对党的政策的情感认同,切实提升农民响应国家政策的积极性。在乡村经济发展转型过程中,农民价值观呈现多元化发展态势,尤其是青年农民对党组织宣传工作有较高的需求,党组织单一的政治说教活动难以吸引农民。要根据不同群体类型,丰富宣传形式,采用宣讲、观看视频、交流、举案说法等灵活形式进行宣传,运用农民群众通俗易懂、喜闻乐见语言进行宣传,增强宣传工作的有效性,增强农民对党的政策的思想认同感,提高参与乡村建设工作的积极性和配合度。

最后,以强化政策执行力实现政治引领。提高党组织政策执行力,发挥政策应有效益是强化农民对党中央政策认同感,培育乡村建设内生动力的关键。乡村党组织是确保党的"三农"工作政策和决策部署贯彻落实到位的最前线阵地,决定了基层党组织要在强化政策执行力中突出党的政治功能。基层党组织要树立脱贫攻坚有效衔接乡村振兴的责任意识和担当意识,以创新乡村治理模式和治理手段适应乡村减贫治理转型与经济结构变迁的需要。基层党组织要不断培养把握脱贫攻坚同乡村振兴衔接全局的能力,结合各地区实际情况,充分落实好巩固拓展脱贫攻坚成果,提升欠发达地区的整体水平,健全低收入人口常态化帮扶机制等各项政策,确保党中央的政策部署在推动两大战略有效衔接实践中得到全面落实。

(三) 加强服务型基层党组织建设

基层党组织与农民群众关系的紧密程度直接影响着党组织战斗堡垒作用的发挥。农村党组织要增强其在农民群众中的影响力和号召力,凝聚群众力量开展脱贫攻坚同乡村振兴有效衔接工作,必须不断提高服务群众的能力,做群众的服务者、引领者和动员者,在增强群众的幸福感中突出政治功能。

首先,基层党组织要把握自身的角色定位,增强为民服务意识。全心全意为人民服务是党百年来取得革命、建设和改革伟大胜利的重要法宝。激发群众积极性,提高为民服务能力首要之举是强化基层党员干部的宗旨意识和服务意识。要加强党员干部思想政治教育,积极开展"不忘初心、牢记使命"主题教育,落实党史学习教育常态化机制,补足基层党员干部精神上的"钙",使维护农民群众根本利益作为基层党员干部一以贯之的价值追求。基层党组织要深刻认识到巩固拓展脱贫攻坚成果与乡村振兴有效衔接的重要性、紧迫性和艰巨性,坚决摒弃"歇脚缓劲"的思想,激发党员干部历史使命意识和责任担当情怀。

其次,农村基层党组织要与农民群众建立紧密的利益关系,满足农民多维发展诉求。发展壮大农村集体经济不仅是农村党组织满足农民物质利益需求的重要抓手,也是实现农民组织化的重要形式。加强基层党组织对农村集体经济的领导,既要发挥其服务功能,通过深化农村集体产权制度改革、给予一定的财政支持政策和惠农政策的倾斜、建立可持续的集体经济融资渠道,解决集体经济用地难、融资难的问题。另外,要发挥基层党组织的监督功能,对农村集体经济组织资产运行、产品分配等问题进行实质性监督,切实保障农民群众共享农村集体经济利益。农村党组织要支持引导农民自发成立农村社会组织,如农民艺术团、农民志愿者服务组织、老年人协会、乡风文明理事会等群众组织,满足乡村振兴过程中农民群众的多元化发展需求,提高农民的集体观念和合作组织能力,在增强农民获得感中激活内生动力。

最后,改进基层党组织工作方式,突出农民的主人翁地位。在脱贫攻坚同乡村振兴衔接阶段,基层党组织应借鉴脱贫攻坚过程中形成的村民自治机制,落实基层民主协商机制,依托各类议事机构,如村民代表大会、乡贤理事会、村民议事会等,将农民群众的意见建议真

第二章　脱贫攻坚同乡村振兴有效衔接中农民主体作用研究

正吸纳进乡村事务决策过程中，保障农民的知情权、参与权和表达权，提高农民参与乡村建设的政治主体性。基层党组织要适应"互联网＋治理"的趋势，善于运用网络媒体开展组织动员工作，开展的集体活动要富有时代色彩和乡村特色，增强基层党组织的群众号召力。

二　优化农村人口态势以强化农民主体作用发挥的力量根基

人是乡村发展的核心要素，农村人力资源是推进脱贫攻坚同乡村振兴有效衔接的内生动力。面对农村人口态势不佳的现实挑战，要采用"内育"与"外引"相结合的方式不断扩大农民队伍、增强农民主体意识和能力，为实现两大战略有效衔接提供主体力量。

（一）开展思想政治教育提升农民主体意识

发挥农民在脱贫攻坚衔接乡村振兴中主体作用的首要之举是不断提升农民主体意识，构建自主性和理性化的农民主体逻辑。针对过渡期内农民主体意识相对薄弱的现实问题，要着力加强思想政治教育，提高对自身作为乡村建设的实践主体地位和责任的感知度，实现自身精神的重塑和变革。

首先，重视乡村义务教育阶段思想政治教育，强化义务教育对中小学生主体意识的培根作用。义务教育是帮助乡村中小学生养成正确价值观、建立自主意识的基础性环节。要创新义务教育阶段乡村思想政治教育的内容，在教育内容的设置上要体现鲜明的人文精神特征，以契合青少年心理特征的教育方法引导和塑造其积极正面的主体意识，帮助中小学生树立正确的人生信念、道德标准。思想政治教育要落实在青少年日常生活和人际交往中，提高他们的价值判断和分辨能力，自觉抵制不良风气的影响，夯实义务教育阶段对乡村中小学生主体意识培育的基础作用。

其次，将社会主义核心价值观融入乡村思想政治教育中，克减精神贫困问题。激发农民参与乡村建设的主体意识必须改变农民落后的贫困观念。要充分发挥社会主义核心价值观对农民的思想引领作用，引导农民树立正确的劳动价值观。提升农民与思想政治教育载体的相融性,借助村内宣传栏、文化墙、广播和新媒体平台,大力宣扬艰苦奋斗、脚踏实地的精神,破除传统的不思进取、安贫乐道、清心寡欲的消极贫困观念,消弭贫困文化对农民认知和行为的负面影响,培养农民劳动光荣、勤劳致富、自立自强的意识,激发参与乡村建设的主动性和积极性。

最后,加大主流价值观的宣传,营造利于农民发展的舆论氛围。在推进农业现代化的进程中,"农民"已不再是身份的表示,而成为一种职业,必须营造有利于农民发展的舆论氛围,减少对农民的负面评价,增强农民职业自豪感和自信心。主流媒体要积极进行正面宣传,担当宣传农民真实境况的喉舌,扭转社会错误言论,促使人们消除对农民的歧视,抛开偏见,尊重农民职业。同时,基层党组织要积极进行正面引导,宣传典型农民事迹,形成对其他农民的示范带动效应,逐渐消弭农民自我贬低心理,提高农民职业认同感,激发主体意识。

(二) 开展职业技能培训提高主体发展能力

农民主体作用的发挥根本上取决于农民自身的能力和素质。扶贫同扶志扶智相结合的贫困治理经验表明,自身能力素质的提升能够有效增强贫困群众脱贫的自主性和长效性。在两大战略有效衔接中,面对农民自身整体技能水平偏低的现实困境,要继续优化乡村职业技能培训,在提升农民自主发展能力的过程中为脱贫攻坚同乡村振兴的有效衔接注入主体活力。

首先,完善乡村职业技能培训支持政策,提高农民参培率。继续开展乡村困难家庭子女、未升学初高中毕业生、农民工免费职业培训等专项行动;广泛发动各类职业院校、职业培训机构和企业为乡村残疾人、困难家庭子女、退役军人、妇女等特殊人群开展职业技能培训,落实培训补贴政策,推行项目制培训;扩大中等职业院校在农村地区的招生规模,并加大对职业技能院校支持投入力度,积极协调发改、财政等部门在资金分配、项目安排上向职业院校倾斜,增强乡村职业技能培训发展实力;建立外部激励机制,设立农业技术奖、创新奖等,以此来鼓励农民参与技能培训。

其次,聚焦乡村不同群体的差异化及市场发展需求,提高职业技能培训的精准度和有效性。对于那些长期生活在农村,了解农业发展规律及种植特点的"老农",要培养"老农"以市场为导向的现代生产理念,提高科学文化素质和现代化农业生产技术,使之成为具有丰富农业实践经验的乡村实用人才;对于那些具备一定的专业知识,具有强烈的"爱农"意识和精神,有志向投身乡村发展生产过程中的农民,要开展农业基础知识、产业发展实用技术、现代种养技术、产业营销管理等内容的系统性培训,培养农业现代化发展所需的农业科技和专业人才;对于返乡就业的大学生、农民工等群体,要积极推进创业致富带头人培训工程,采取地方政府与高校合作的方式,开展创业知识和经营管理方面的培训,为促进脱贫攻坚衔接乡村振兴培养创新创业人才。

最后,创新职业技能培训方式方法,提高农民培训质量。立足农民的实际情况,构建多元培训模式。鉴于农民空闲时间的不同,支持农民灵活、自主地选择培训时间,通过弹性制完成职业技能培训,提高职业技能培训的有效性。创新职业技能培训形式,借助远程教育、在线实时学习等开展网络线上培训,或将培训班开在靠近农民生产生活的地方,增强农民参与技能培训的便利性。多以案例式、体验式的教学手段开展教学,用农民通俗易懂的语言讲解农业技术,保证农民参培实际效果,提高职业技能培训质量。同时还要培养农民理论与实践相结合的自觉性,真正将所学理论知识应用于农村农业发展中。

(三) 吸引人才向农村流动改善农民主体结构

马克思主义群众史观认为,群众是历史的创造者,历史始终是由无数个"平行四边形"合力的结果,对于乡村建设来说也遵循同样的规律。农村的转型发展是由众多农民的力量所实现,也就是说,农民主体作用的发挥是建立在一定数量和规模的基础之上的。在过渡期内，面对乡村人才资源短缺的现实问题，要统筹做好人才引进衔接，不断扩大农民队伍规模，破解乡村空心化、老龄化困境。

首先，创新乡村人才引进办法，为各类人才投身乡村建设实践疏通渠道。依托基层政府就业项目，如"大学生志愿服务西部计划""三支一扶""特岗计划""选调生"等，每年选拔一定数量的高校毕业生群体到农村就业，实施"百名大学生帮百村"行动；创新柔性引才办法，坚持"不求所有，但求所用"的原则，围绕乡村产业发展、项目建设等需求，综合运用项目引才、兼职引才、合作引才、人才租赁、技术入股等方式，集中引进一批农业科技研发人员、乡村教师、医生、职业经理人等乡村急需紧缺人才，保证引进人才精准对接到目标领域；打好感情牌，充分运用"乡情""乡愁"等开展精神动员，提高外流人才对乡村振兴建设的责任感、使命感，引导外流人才积极投身乡村振兴事业。

其次，以城乡融合为依托吸引更多的外出劳动力回流返乡，壮大农民队伍规模。城乡二元结构是造成乡村人力资源大量外流的根本制度因素。因此，要依托城乡融合发展体制机制，促进各类发展资源在城乡间自由流动和交换，削弱乡村人才外流的动力。在脱贫攻坚有效衔接乡村振兴背景下，要激励各类要素向乡村流动，着力建立人才和外出务工人员返乡激励机制，工商资本下乡机制、金融入乡机制以及科技成果入乡转化机制等，[1] 同时构建良好的营商环境，使各类要素在农村获得可观的回报。要促进城乡公共资源均衡配置和城乡基础设施一体化建设，吸引外出务工人员返乡创业。

最后，优化乡村人才发展环境，确保外引人才"留得住"。在引进人才的基础上重点聚焦留人政策，打造富有特色的乡村人才服务体

---

[1] 张克俊、杜婵：《从城乡统筹、城乡一体化到城乡融合发展：继承与升华》，《农村经济》2019年第11期。

系。提高乡村基础设施和公共服务水平，改善乡村发展环境。积极推进以乡村产业为支撑的区域经济发展，优化乡村产业发展结构，为外引人才提供良好的就业岗位，提升乡村人才发展承载能力；落实好乡村人才薪酬待遇、生活补助、职称晋升等激励机制，增强乡村人才干事创业的积极性和主动性，形成各类人才服务乡村的长效机制；在乡村着力营造爱才、敬才、重才的社会氛围，提高各类人才在乡村工作的荣誉感、自豪感、尊严感，激发其爱农业、爱农村、爱农民的热情和情怀，促使其长期扎根农村。

三 促进乡村产业高质量发展以夯实农民主体作用发挥的物质基础

农民实际的利益体验较大程度地影响着农民主体作用的发挥。乡村产业作为农民增收的主要渠道，产业发展的质量水平直接影响着农民的利益体验，进而影响农民的思维认知和行为选择。为此，在脱贫攻坚有效衔接乡村振兴阶段，要在解决好产业扶贫遗留下来问题的基础上，探索乡村产业可持续发展模式，实现产业高质量发展，为农民主体作用的发挥提供坚实的物质基础。

（一）继续加大产业发展帮扶力度

当前，我国乡村产业发展仍处于起步阶段，提高产业发展潜力和带动能力离不开国家政策措施的引导和支持。《意见》明确将支持乡村产业发展壮大作为脱贫攻坚同乡村振兴有效衔接的重点工作，鉴于乡村产业发展后劲不足的现实困境，应继续加大产业发展扶持力度，优化产业发展生态体系，增强产业可持续发展能力。

首先，持续改善农村基础设施条件，夯实产业发展基础支撑。良好的硬件基础设施是产业发展的基本条件。过渡期内，国家财政投入资金应进一步向脱贫地区倾斜，投资导向要聚焦乡村基础设施建设，推进脱贫地区"四好农村路"建设，大力推进自然村通硬化路，加强通村公路和村内主干道连接。重点谋划实施高速公路、客运共线铁路、水利、电力、机场、通信网络等基础设施建设工程，特别是要加强水利灌溉、气象设施、农业机械化设备等生产性基础设施建设，为乡村产业发展提供必要条件。要进一步提升乡村公共服务建设水平，加强乡村文化教育、医疗卫生等基本公共服务建设力度，逐步改善乡村产业发展环境。

其次，增加产业发展要素供给，优化产业发展环境。在财政支持方面，加强中央财政对脱贫地区产业发展的转移支付力度，统筹整合涉农资金，重点支持竞争力强、示范性强的产业经营主体；建立具有奖励激励政策的资金投入保障机制，对发展前景好、带动能力强的产业项目给予引导和扶持；要加大财政监管力度，确保资金流向产业发展重点领域，筑牢产业发展资金保障。在税收政策方面，要落实相关的税收优惠政策，可根据带动就业的多少和农民增收实效落实税收减免、资金补贴等政策，助力乡村产业发展壮大。在用地政策方面，要加大对乡村产业用地支持力度，实行农村土地所有权、承包权、经营权"三权分置"制度，积极引导农民自愿流转土地，推进乡村产业适度规模经营，增加产业用地的供给力度。

最后，继续大力实施消费帮扶，激活产业内生动力。衔接期内，要完善产业生产端和消费端良性互动机制以促进脱贫地区乡村产业长效可持续发展。坚持和完善东西部协作和对口支援，开展产业合作，组织好产销对接，因地制宜地设置重点产品采购目录，采取优先采购、预留采购的方式，多渠道解决农产品销售难的问题。要推动消费帮扶提档升级。要提升生产的标准化、组织化、规模化程度，提高优质产业供给能力。积极探索农村电商、直播带货、集中采购等消费新模式，拓展产品销售渠道，推动实现生产端和消费端互利共赢。

（二）打造乡村产业融合发展新模式

乡村产业融合发展是拓宽农民增收渠道，促进农业高质量发展的重要途径。要着力从乡村产业供给端发力，将改善供给结构、提高供

第二章 脱贫攻坚同乡村振兴有效衔接中农民主体作用研究

给体系质量和效率作为主攻方向，通过不同产业之间交叉融合、优势互补，将单一的经营模式和产品转变为能满足不同消费群体的新产品、新服务，从而实现乡村产业的高质量发展，增加农户收入的稳定性。

首先，推进农业内部各部门之间融合渗透，创新农业产业融合发展业态。基于农业资源要素的多元性，实现产业融合发展要注重农业内部各产业之间的交叉重组，以农林结合、农牧结合、农渔结合、农林牧渔结合等融合发展为导向，[1] 形成多功能、多结构农业融合状态，形成种植、养殖的绿色良性循环，实现农业增产增效，带动农民稳定增收。大力发展林下经济，立足各地资源禀赋，发展"林业＋粮食种植、林业＋养殖、林业＋蔬菜种植、林业＋菌菇种植"等的经济新模式，以特色产业转型升级带动更多农民增收致富。

其次，纵向推动产业链延伸发展，提高产品附加值。拓宽产业链深度，就地化提升产业循环是乡村产业高质量发展的内生性要求，能够有效回应扶贫产业发展空间有限，产业链条较短的挑战。依托农业特色优势资源打造产业链内循环，加快推进特色农产品生产、初加工、精深加工、流通销售等环节融合发展，不断提高农产品附加值，拓宽农业的中高端市场，让农民分享更多的产业发展红利。加快发展农产品储藏保险、冷链物流、营销等农业生产性服务业建设，提高农产品综合竞争力。以创新链推动产业结构优化升级，提升价值链。面对人们经济行为、消费理念多元化发展趋势，产业发展必须坚持以需求牵引供给为原则，推动先进技术与产业融合发展，实现供求对接。

最后，充分挖掘农业的多功能性，推动乡村产业三产交叉深入发展。农业的多功能是乡村经济发展重要引擎，有助于带动更多农民参与乡村产业发展进程。促进乡村三产融合发展，要注重把农业的多功

---

[1] 肖卫东、杜志雄：《农村一二三产业融合：内涵要解、发展现状与未来思路》，《西北农林科技大学学报》（社会科学版）2019年第6期。

能性摆在更加重要的位置,深入挖掘、开发农村的地域特色、生态优势、文化资源。通过产业链的横向拓宽,推动农业与旅游业、文化教育、健康养生、现代信息技术等产业深度融合,发展休闲农业、会展农业、创意农业、智慧农业、生物农业等新产业、新业态,激发农业经济发展活力,推动乡村产业结构优化升级,同时也为农民提供多渠道在地就业机会,促进农民收入水平稳步提高。

(三) 发挥新型经营主体的带动作用

新型经营主体是带动小农户对接大市场,推动农村地区和农民群众依赖自身要素资源禀赋来实现内源性发展的重要主体。实现产业的高质量发展离不开家庭农场、农民合作社、龙头企业等新型经营主体的广泛参与。在脱贫攻坚同乡村振兴的过渡期,需重点考虑新型经营主体对农民的带动能力和方式,使农户自主参与到产业经营活动中,促进产业优化升级、农民增收致富。

首先,提高新型经营主体带动能力。培育壮大新型经营主体是发挥其辐射带动作用的必然要求。发挥农民合作社和家庭农场的基础作用,通过完善激励机制,在项目支持、贷款贴息、税收减免等方面,加大对家庭农场和农民合作社的培育支持力度。加快构建新型农业社会化服务体系,培育多元化多层次生产服务组织,创新生产服务方式,提高合作社和家庭农场现代经营管理水平。进一步规范农民合作社的发展,整顿"空壳社"、运行不规范的合作社。鼓励龙头企业依据地方区位优势、资源禀赋、产业基础等,调整优化产业布局结构,因地制宜组建产业化联合体,实现规模化集约化经营。加强新型经营主体社会责任意识,强化其辐射带动功能。

其次,创新新型经营主体带动方式。鼓励新型经营主体与农户建立稳定的带动关系,以提高农户自我发展能力为目标,按照互利共赢的原则,完善新型经营主体带动方式。除资产收益带动外,新型经营主体还要通过发展直接生产带动、就业创业带动、混合带动等多种带动模式，①让更多的农民多渠道、多方式地参与到产业经营活动中，提高农民增收致富的积极性，增强其可持续发展能力。

最后，构建紧密型利益联结机制。创新发展订单农业，引导龙头企业与农户、合作社、家庭农场签订购销合同，参与市场行情协商议价，建立稳定平衡的购销关系。积极发展股份合作，以深化农村土地制度改革为契机，鼓励农民把土地经营权流转给经营主体，以土地入股企业。积极探索乡村集体经营性资产股份制改革，盘活乡村集体资源资产，做好集体经营性资产折股量化、股权到人工作。同时，完善风险防范机制，加强产业发展中订单农业、土地流转等合同的履约监督，建立涉农合同执法体系，强化工商资本租赁农地的监管，建立分级备案制度，稳步推进土地流转工作等，通过新型经营主体的发展带动农民作用的发挥。

四 推进乡村文化振兴以优化农民主体作用发挥的文化环境

农民主体作用的发挥与其生活的文化生态环境密切相关。良好的乡村文化生态环境能够为农民主体作用的发挥提供健康的实践场域和深厚的精神文化支撑。面对乡村文化发展失衡的现实挑战，要从挖掘乡村优秀本土文化、提升乡村公共文化服务效能、大力开展乡风文明创建活动等方面出发优化农民主体作用发挥的文化环境。

（一）传承发展乡村优秀传统文化

提升农民主体性很重要的一个方面就是提高农民对乡村本土文化的自豪感和认同感，在精神层面上形成一个情感共同体，提高农民群体的凝聚力，最大限度地发挥农民主体作用。

首先，充分挖掘整合传统乡土文化资源，增强农民文化自信感。"要处理好继承性和创造性发展的关系，重点做好创造性转化和创新

---

① 刘明月、汪三贵：《产业扶贫与产业兴旺的有机衔接：逻辑关系、面临困境及实现路径》，《西北师大学报》（社会科学版）2020年第4期。

性发展。"① 深入挖掘乡村历史名人文化、乡村习俗文化、历史典故、手工艺文化等优秀传统文化资源。要重点挖掘、传承和弘扬乡村地域文化，努力保护家风家训、剪纸文化、舞龙舞狮等物质和非物质文化遗产，将植根于乡土的自然、人文等文化资源的优势最大限度地发挥出来，更好与农民进行心灵和思想上的碰撞交流。将优秀传统文化融入乡村思想政治教育中，引导农民树立正确的文明观念，让农民在教育中感受深厚的乡土文化魅力，增强农民的文化自信感。

其次，创新乡土文化传播形式，增强农民文化认同感。要广泛运用互联网，利用自媒体和融媒体平台，大力弘扬富有本地特色的乡村传统文化，创新传统文化传播形式，以符合农民审美心理和文化接受程度的形式进行阐释和传播，扩大乡土文化的受众面和覆盖面。要成立以农民为主力的乡土文化宣传队伍，开展多样性的文化宣传活动。鼓励民间艺人、乡村能人参与到文化遗产保护和传承发展中来，展现乡村本土文化的独特价值魅力，增强农民对优秀传统文化的认知度，让农民深刻体味乡土文化的底蕴和魅力，强化农民的文化认同感。同时，要处理好传统与现代的关系，促进乡土文化与外界文化资源的交流融合，推动乡村传统文化创新性发展，唤醒更多有志青年投入乡村建设的情感和意识，更好发挥农民主体作用。

最后，支持农民建立乡村文化组织，提升农民文化参与感。积极引导农民自发组成积极向上的新型文化组织，如腰鼓队、唢呐团、业余剧团等农民参与性强的文化组织，或者组织综合性的文化协会、妇女文化协会、老年人文化协会等公益性文化组织，并给予文化组织适当的资金支持，打造乡土文化价值规范和精神意义的平台，为传承发展优秀传统文化提供坚实的载体，通过农民群众自身的主体力量激活乡村文化资源的现代性因子，切实提升农民的文化参与感。

---

① 习近平：《习近平谈治国理政》，外文出版社2014年版，第164页。

(二) 促进公共文化服务提质增效

建设乡风文明，优化农民主体作用发挥的文化环境，不仅需要挖掘和弘扬乡村本土文化，还需要不断增加国家公共文化服务供给，使农民平等地享受现代公共文化服务的权利。面对脱贫攻坚同乡村振兴衔接期内乡村公共文化服务供给失衡的挑战，需要通过加大对乡村公共文化服务投入力度和优化乡村公共文化供给方式和质量，来提升乡村公共文化服务效能，实现对农民的文化引领。

一方面，加大对乡村公共文化服务投入力度。乡村公共文化资源是农民接受现代文化的主要途径，也是丰富农民精神文化生活的重要载体，因此，必须加大乡村公共文化设施建设力度。要将乡村文化建设纳入经济社会发展总体战略布局，在城乡融合发展理念的指导下，国家文化建设事业经费要重点向乡村地区倾斜，尤其是向国家乡村振兴重点帮扶县，逐步实现城乡公共文化服务均等化。要拓宽投入渠道，借鉴脱贫攻坚经验，全方位动员整合社会资源和力量，鼓励政府、企业等社会组织以捐赠、投资的形式参与乡村公共文化建设，形成多元投入格局，补齐乡村公共文化设施底子薄、资金少的短板。

另一方面，优化乡村公共文化服务供给方式和质量。针对乡村公共文化服务供给错位，服务质量不高等问题，要创新优化乡村公共文化服务供给方式和质量，提升乡村公共文化服务效能，提高公共文化供给的精准度和鲜活度，真正实现对农民的文化引领。要创新话语表达方式，将抽象化、符号化的话语转化为农民通俗易懂、喜闻乐见的形式，以增强表达方式的生动性和鲜活性。利用人工智能、大数据、移动互联网等现代信息技术改善乡村公共文化服务，把以乡村振兴为主题的文化内容体现到网络文化、网络宣传中，使农民群众在生动、直观、立体的情境中感知乡村振兴。可借助微信、微博、B站、抖音、快手等平台宣传推广国家关于乡村振兴的方针政策，并不断创新传播内容，逐步熏染和感召农民群众。针对不同地域、不同群体的文化需求，以情景体验、娱乐休闲等手段开展富有地域特色的乡村文化，统筹做好公共文化服务供给工作。继续实施农村图书馆、农家书屋、文化广场等文化工程建设，提高文化建设工程的针对性和有效性，达到涵养农民的价值观念、道德情操的目的。

（三）大力开展精神文明创建活动

开展文明创建活动，提高社会文明程度是培育文明乡风，推进乡村文化建设的重要抓手，也是激发农民积极性主动性的精神支撑。针对乡村伦理道德异化、不良风气滋长的突出问题，要大力开展各种形式的精神文明创建活动，丰富农民精神生活和精神世界，提升乡村社会文明水平。

首先，积极开展新时代文明实践活动。鼓励文艺工作者不断推出反映农民生产生活尤其是脱贫攻坚和乡村振兴实践的文艺作品，通过地方戏曲曲艺、快板、相声、公益电影等形式，展现新时代农民的精神面貌，形成正面激励与引导。利用农村"熟人社会"的基本特征，开展"五好家庭""文明家庭""好家风、好家训"评比活动，充分发挥文明示范乡镇、示范村、星级农户、文明家庭的示范引领作用，推进农村社会公德、家庭美德和个人品德建设，推动形成文明乡风、良好家风、淳朴民风，在全社会形成健康文明的社会风尚。继承和弘扬传统家风文化中守望相助、亲仁善邻之精髓，开展"邻里守望"志愿活动、"千金难买邻里情"主题宣讲活动，消解乡村人情冷漠现象。

其次，进行移风易俗宣传教育。要利用好农村地区的大喇叭广播、电视、电影等传统媒介，传播符合主流价值观的家风文化，弘扬新时代乡村家庭美德，让农民在日常生活中接受文明新风的教育和熏陶。要大力培育新时代乡贤群体，以乡贤群体的嘉言懿行对农民群众进行思想启发和精神带动。鼓励新乡贤带头组建各类乡村社会组织，如乡贤理事会，组织新乡贤成立道德宣讲团，依靠乡贤的内生性权威，以道德教化的方式提高农民的道德素质和文化素养。同时要发挥

第二章　脱贫攻坚同乡村振兴有效衔接中农民主体作用研究

党员干部在移风易俗活动中以身作则、率先垂范的作用，为农民群众做好表率。

最后，加大对乡村不良行为的惩戒力度。发挥家风家训约束规范作用，对社会不良风气加强约束和引导，同时加大对高价彩礼、薄养厚葬、封建迷信、铺张浪费、人情攀比等不良社会风气的整治力度，①纠正农村的不良风气。严厉整治违反社会公序良俗的不良行为，加大对黄赌毒等不良风气的惩戒力度，营造良好的社会风气。鼓励和支持各地成立红白理事会、道德评议会、妇女禁毒协会等乡村新型自治组织，将移风易俗作为自治组织的重点内容，实现村民的自我教育和自我管理。

五　优化政策落实以凸显农民主体作用发挥的政策效能

合理完善的政策体系是农民主体作用发挥的重要保障。脱贫攻坚结束后，面对造成扶贫政策执行偏差的制约性因素和"三农"工作重心转移的现实背景，需要推动特惠性政策向普惠性政策平稳过渡、实现解决绝对贫困向相对贫困政策转型、推动政策执行的灵活性与原则性相统一，调适先前的政策执行偏差，优化政策效应，重塑国家政策的权威性和合理性，进一步凸显相关体制机制效能。

（一）推动特惠性政策向普惠性政策平稳过渡

脱贫攻坚同乡村振兴衔接的过程是由特定群体、特定领域向更大范围拓展的过程。脱贫攻坚任务完成后，平衡好特惠与普惠、特定群体与全体农民之间的关系是推进有效衔接的重要内容。既要重点解决大规模扶贫投入造成的逆向激励问题，也要统筹兼顾脱贫不稳定群体、贫困边缘群体和普通农户，逐步实现由特惠性向普惠性过渡，激

---

① 《中共中央　国务院关于全面推进乡村振兴加快农业农村现代化的意见》，《人民日报》2021年2月22日第1版。

发全体农民的积极性和主动性。

一方面,创新帮扶政策的有效实现形式,使脱贫群众摆脱"政策性依赖"。从源头上解决特惠性帮扶政策消解农民主体性的问题,应重新审视无意脱贫群体,避免福利陷阱和返贫陷阱。在延续部分帮扶政策的基础上,要创新政策实现形式,化解政策执行偏差造成的负外部性。其一,针对部分扶持政策执行过程中出现的"养懒汉"行为,要逐步调整特惠性政策的实现形式,以正向激励的方式予以政策支持。如采取以工代赈、奖补结合、先建后补等政策,将对脱贫人口的帮扶政策与自主劳动相挂钩,要求受益群体自觉自愿承担增收致富责任,以激发脱贫群众精神脱贫动力,发挥自身主体作用。其二,要对脱贫人口的实际困难予以政策倾斜,切忌大包大揽,福利叠加。脱贫攻坚结束后,要逐步破除福利投入与脱贫群众身份的唯一对应关系,灵活运用国家帮扶政策资源。坚持"精准"理念,在福利分配中参考农民的实际发展状况,将政策资源直接与农民实际困难精准对接,发挥国家政策资源的最大执行效果。

另一方面,政策设计要适度覆盖普通农户和农村,解决好利益分配不均衡的矛盾。脱贫攻坚对农村界限的清晰划分已无法适应乡村整体推进的现实需要,极大程度上会激发贫困村与非贫困村之间的矛盾。[①] 因此,要合理调整政策支持范围,适度将资源项目惠及全体农民、全部农村,缩小因政策差距引发的村际发展差距。结合国家乡村振兴政策资源,在基础设施建设、公共服务供给以及村集体经济发展资源分配过程中兼顾一般村域,实现乡村振兴整体均衡推进。延续部分特惠性政策,明确政策作用对象和退出机制,有效避免已脱贫群体和贫困边缘群体陷入贫困陷阱。在防止大规模返贫的基础上,适度将相关帮扶政策的关口前移,使政策

---

① 左停、刘文倩、李博:《梯度推进与优化升级:脱贫攻坚与乡村振兴有效衔接研究》,《华中农业大学学报》(社会科学版)2019 年第 5 期。

第二章　脱贫攻坚同乡村振兴有效衔接中农民主体作用研究

更具有普遍性，覆盖更广泛的群体，逐步缩小群体间社会福利待遇的差距，提升全体农民的获得感，调动全体农民的积极性主动性创造性。

（二）实现解决绝对贫困向相对贫困政策转型

从战略任务来看，脱贫攻坚同乡村振兴有效衔接是从解决绝对贫困向相对贫困的转变。脱贫攻坚任务完成后，随着农民对美好生活的新追求，相对贫困问题将凸显出来并成为农民主体作用发挥的障碍因子。因而，缓解相对贫困和多维贫困将成为乡村振兴视域下扶贫开发工作的重点内容，要不断满足农民多层次、多元化发展需求，有效提升农民主体性。

首先，建立长效稳定的脱贫防贫机制。无论是绝对贫困还是相对贫困，都要坚持"治"和"防"相统一。要加强农村返贫风险动态监测和预警防控体系及分层分类帮扶机制，把脱贫不稳定群体、贫困边缘户等潜在风险返贫群体纳入监测范围，做到早发现早帮扶，防止大规模返贫。提升原深度贫困地区"三保障"基础设施和基本福利水平，提升欠发达地区人民生活水平。大力推进综合保障性扶贫措施，对乡村丧失劳动能力人口提高兜底保障，筑牢基本生活保障底线。着力构建相对贫困人口可持续发展能力提升机制以及多渠道稳定就业机制，依靠贫困人口自身能力实现可持续脱贫。

其次，将针对绝对贫困的脱贫措施逐步调整为缓解相对贫困的帮扶措施。与绝对贫困不同，相对贫困具有多维性、长期性、动态性的特征，这一基本属性决定其不再适用超常规治理，需要尽快转变减贫治理思路，将绝对贫困的超常规治理转向相对贫困的常规化治理。对一些具有临时性、应急性特征的政策，要在科学评估和风险分析的基础上，逐步取消。[①] 对于利于乡村长远发展的政策，如投入保障类、

---

① 高强：《脱贫攻坚与乡村振兴有效衔接的再探讨——基于政策转移接续的视角》，《南京农业大学学报》（社会科学版）2020年第4期。

基础设施建设类、教育医疗保障类，要及时纳入解决相对贫困的长效机制。产业和就业扶贫政策、东西部扶贫协作机制、驻村工作帮扶机制等，要转型、调整为常规化帮扶机制。

最后，建立城乡一体化融合发展体制。相对贫困更多强调发展的不平衡，这与现阶段我国城乡发展不平衡的矛盾相一致。缓解农村相对贫困，必须创新城乡融合发展新格局。要构建城乡公共服务均等化体制机制，持续加大对农村基础设施和公共服务建设投入力度，补齐乡村基础设施、基本公共服务和基本社会保障等方面短板，积极推进教育、医疗、养老等民生领域城乡一体化建设。重构城乡间资源要素双向流动机制，发挥市场在资源配置中的决定性作用，积极推动资本、技术、人才等资源要素向乡村合理流动，改变乡村长期"失血"状态，为缓解农村相对贫困注入活力。

（三）推动政策执行的原则性与灵活性相统一

基层治理工作中，政策执行的原则性和灵活性是一对基本矛盾。[①] 基层党组织在政策执行的过程中，既要严格执行上级政府制定的相关政策，又要面对乡村各地区的差异性和复杂性，这就涉及如何平衡政策执行的原则性与灵活性。在具体基层治理工作中，政策执行的原则性与灵活性之间存在较大张力，如果缺乏政策执行的灵活性，不结合实际情况机械执行相关政策，将会进一步导致执行目标的偏离；如果缺乏政策执行的原则性，为达到具体目标灵活变通执行相关政策，国家帮扶资源可能又会出现精英俘获的局面。这两种情况都会削弱基层治理效力，消解农民主体性。因此，必须推动政策执行的原则性和灵活性相统一，建立起农民对国家政策的社会认同和合法性认同，积极参与农村建设发展。

一方面，赋予基层组织灵活性和自主性。国家政策举措往往是针

[①] 邢成举等：《新时代的贫困治理：理论、实践与反思》，社会科学文献出版社2019年版，第111页。

对某一领域制定的较为宏观的顶层设计,不能完全符合基层各方面实际,并充分体现基层问题的复杂性。为实现政策效益的最大化和农民稳定增收的双重目标,基层组织在政策执行的过程中,必须发挥其自主性和能动性,给政策举措和基层现实一定的磨合空间,突破项目资源的刚性制约,灵活处理实际中的特殊情况和特殊问题,充分考虑乡村的社会基础,将农村资源条件和农民群众可行能力融入政策实施中,在不违反政策原则的同时,进行政策的调整和创新。上级对基层组织治理工作考核时要避免机械、刻板倾向,在材料报送、资料审核、动态管理上允许基层组织遵循工作的轻重缓急程度进行。同时,要强化基层组织的政策执行意识,提高执行能力,在创造性落实国家政策的过程中避免出现政策执行偏差。

另一方面,基层组织要坚持一定的原则性。"精英俘获"在一定程度上是由于农户发展能力有限无法承接政府扶贫项目,基层干部在政策执行中采取变通执行手段,将政策资源交给乡村精英以寻求自洽的生存之道。基层干部变通执行根源在于变通执行所获取的收益大于规范执行获取的收益,从而诱发了他们的机会主义动机,影响政策执行效果。因此,纠正基层组织政策执行偏差必须对其"弹性"执行方式进行一定程度的规范,防止自主活动空间过大。完善绩效考核制度、执行监督制度和责任追究制度对基层干部加强考核和监督。出台具体的政策体系规定"弹性"范围和方式,[①]以制度介入的方式规范政策执行方式,有效避免基层干部灵活性和自由度过大带来的负效应。

[①] 冯嘉馨、程美东:《脱贫攻坚中第一书记制度的实践困境及改进》,《北京社会科学》2022年第5期。

第三章 乡村治理现代化中农民主体作用研究

第一节 乡村治理现代化中农民主体作用的研究基础

对乡村治理现代化中农民主体作用进行研究，要以相关理论基础和实践基础的梳理作为本书的研究基础。一方面，要汲取马克思主义经典作家、中国主要领导人以及中华优秀传统文化关于农民主体作用研究的思想资源作为本研究的理论支撑；另一方面，要对乡村治理现代化中农民主体作用发挥的实践成效进行梳理，构建起本研究的实践基础。

一　乡村治理现代化中农民主体作用发挥的理论基础

无论是在革命战争年代还是在和平建设时期，农民都是经济社会发展中不可忽视的力量。马克思主义经典作家、中国主要领导人以及中华优秀传统文化关于农民主体作用的相关论述为本研究提供了重要的理论依据和现实启示，具有重要的指导作用。

（一）马克思主义经典作家关于农民作用的重要论述

农民问题是马克思主义经典作家重点关注的问题。马克思主义经典作家在关于农民问题的著述中，对农民阶级在社会革命和历史进步

第三章 乡村治理现代化中农民主体作用研究

中重要作用、农民阶级同时具有革命性和落后性的二重属性以及如何发挥农民阶级的进步作用等有过明确的论述和分析，形成了内涵丰富的农民作用理论。

1. 农民阶级在社会革命和历史进步中具有重要作用

马克思主义经典作家明确地认识到农民的"革命化"是无产阶级革命和历史进步的关键要素。恩格斯同样看到了农民的革命力量，他指出，无产阶级要夺取政权需要"首先从城市走向农村，应当成为农村中的一股力量"①，当无产阶级团结的农民人数越多，社会变革的实现也就越迅速和越容易。列宁也高度重视农民对无产阶级革命的进步作用，他在总结俄国革命经验时指出，无产阶级革命的胜利需要得到"一部分最先进最觉悟的农民群众的支持"②。斯大林也指出，农民是无产阶级的后备军，农民能够为"无产阶级专政建立过渡到社会主义经济所绝对必需的基础"③。马克思主义经典作家一致认为，农民是无产阶级的同盟军，农民对革命的向背是决定无产阶级革命事业成败的关键。

2. 农民的小生产方式和小农意识阻碍了农民作用的发挥

马克思主义经典作家认为农民阶级具有革命性和落后性的二重属性。农民落后的小生产方式和根深蒂固的小农意识导致农民成为"保守"的农民，而不是"革命"的农民。马克思认为"马铃薯式"的阶级生活方式，使得农民的"头脑局限在极小的范围内……表现不出任何伟大的作为和历史首创精神。"④ 恩格斯同样指出，根深蒂固的小农意识使农民"不可能独立进行革命"⑤，他们获得解放的唯一依靠只能是工人阶级。列宁在对俄国革命现状进行分析时指出，农民群众

---

① 《马克思恩格斯选集》（第四卷），人民出版社 2012 年版，第 356 页。
② 《列宁全集》（第十四卷），人民出版社 2017 年版，第 74 页。
③ 《斯大林选集》（上卷），人民出版社 1979 年版，第 236 页。
④ 《马克思恩格斯选集》（第一卷），人民出版社 2012 年版，第 854 页。
⑤ 《马克思恩格斯文集》（第二卷），人民出版社 2009 年版，第 232 页。

有内在的矛盾的阶级结构，农民在资产阶级与无产阶级之间的动摇性使其难以自觉形成联合。斯大林也认为，由于农民固守生产资料私有制，容易"产生和滋养资本家、富农以及其他各种剥削分子的阶级"①，导致农民与无产阶级之间存在某些矛盾。由上可知，由于小农分散性的生产方式和根深蒂固的小农意识，使其没有能力首先发动革命，他们迫切地需要一个革命性的阶级作为其同盟者和领导者，才有可能实现自身的彻底解放。

3. 无产阶级革命和社会化大生产是发挥农民作用的根本途径

争取和团结农民力量是在领导无产阶级革命运动中关注的重要问题。马克思主义经典作家认为，只有通过无产阶级革命以及实现社会化大生产才能打破资产阶级与农民的联合，将农民转化为革命力量，最终推翻资产阶级的统治。马克思指出，在资产阶级专政下，农民同工人无产阶级一样受到来自资本的剥削。只有建立无产阶级专政的国家，才能帮助农民摆脱"马铃薯堆积式"的生存状态以及拥有"作为真正独立生产者的地位"②。无产阶级革命要想获得农民阶级的支持，一方面，需要以无产阶级的思想熏陶和教育将农民阶级转换成为无产阶级的同盟军。恩格斯通过对德国农民的考察指出，农村居民的分散性使得他们达成意见的统一，不能胜利地从事独立的运动，他们需要城市居民的感化和推动。列宁也指出，无产阶级想要发挥革命领导的作用，就要到广大农村对农民进行广泛而深入的动员工作，使他们变得富有革命精神。另一方面，需要以社会化大生产改造农民阶级赖以生存的自然经济结构和小生产方式。马克思、恩格斯在论述小农生产方式时明确指出，小农若不想被资本主义的车轮碾轧，只有将小农的"私人生产和私人占有变为合作社的生产和占有"③。列宁也强

---

① 《斯大林选集》（下卷），人民出版社 1979 年版，第 52 页。
② 《马克思恩格斯文集》（第三卷），人民出版社 2009 年版，第 202 页。
③ 《马克思恩格斯选集》（第四卷），人民出版社 2012 年版，第 370 页。

第三章 乡村治理现代化中农民主体作用研究

调,在无产阶级掌握国家政权和生产资料后,可以通过社会主义合作化的方式吸引农民参加社会主义事业,实现小农经济向社会主义经济的转化。

综上所述,马克思主义经典作家充分肯定了农民阶级在社会革命和历史进步中的重要作用。同时,基于对农民保守性和革命性二重属性的分析,指出了农民的小生产方式和小农意识阻碍了农民作用的发挥,无产阶级革命和社会化大生产是发挥农民作用的根本途径。马克思主义经典作家关于农民作用的重要论述为乡村治理现代化中农民主体作用研究提供了坚实的理论依据。

(二) 中国共产党主要领导人关于农民主体作用的相关论述

农民问题始终是中国共产党在中国革命、建设和改革实践中重点关注的问题。中国共产党主要领导人继承和发展了马克思主义经典作家关于农民作用的相关论述,在革命、建设和改革实践中不断深化对农民问题的认识,充分肯定了农民群众的主体地位和主体作用,形成了具有中国意蕴与时代内涵的农民主体作用思想。

1. 尊重农民首创精神,坚持农民在中国革命、建设和改革中的主体地位

毛泽东同志在接受马克思主义经典作家对革命力量认识的基础上,结合中国的特殊国情,在中国历史上第一次科学地揭示了农民在中国革命中的地位和作用。毛泽东同志指出"农民问题乃国民革命的中心问题"[①],没有农民的拥护,国民革命便无法取得成功。抗日战争时期,国内主要矛盾转化为民族矛盾,毛泽东同志深刻论述了农民在抗日战争中的地位,他指出,中国工人阶级和农民阶级是中国革命最坚决的力量。在《新民主主义论》中,他再一次论证了农民问题是

---

① 《毛泽东文集》(第一卷),人民出版社1993年版,第37页。

"中国革命的基本问题"①，从思想上消除了党内"左"、右倾机会主义对农民革命认识上的错误倾向。可以说，将广大农民纳入革命力量是毛泽东同志领导人民革命取得胜利的根本原因。

邓小平同志也高度重视农民群众在我国现代化建设中的地位和作用。邓小平同志指出中国稳定不稳定首先要看居住在农村的80%的人口稳定不稳定。②没有农民的主体作用和积极参与，中国的现代化将无从谈起。邓小平同志高度赞扬和肯定了农民的首创精神，他指出，家庭联产承包责任制和乡镇企业是基层农业单位和农民自己创造的，广大农民群众的巨大创造力为农村改革提供了方向，推动了社会主义现代化建设的发展。江泽民同志也指出"农民问题始终是我国革命、建设、改革的根本问题"③。胡锦涛同志把解决好以农民问题为核心的"三农"问题作为全党工作的重中之重，他强调亿万农民是建设社会主义新农村的主体，要充分发挥广大农民群众主体作用。④

习近平总书记也十分重视农民在中国社会主义现代化建设中的重要地位和积极作用，指出农民是党和国家事业发展的重要力量，"三农"问题稳定，"整个大局就有保障，各项工作都会比较主动。"⑤推进社会主义现代化建设，"基础在'三农'，必须让亿万农民在共同富裕的道路上赶上来"。⑥习近平总书记强调"小康不小康，关键看老乡。"⑦农民小康是全面建成小康社会的关键部分，全面小康社会建成的过程中，一个都不能少。习近平总书记还多次强调，农民是实施

---

① 《毛泽东选集》（第二卷），人民出版社1991年版，第692页。
② 参见《邓小平文选》（第三卷），人民出版社1993年版，第65页。
③ 《江泽民文选》（第一卷），人民出版社2006年版，第258页。
④ 《胡锦涛文选》（第二卷），人民出版社2016年版，第422页。
⑤ 中共中央文献研究室编：《十八大以来重要文献选编》（上），中央文献出版社2014年版，第658页。
⑥ 《习近平关于"三农"工作论述摘编》，中央文献出版社2019年版，第11页。
⑦ 《习近平关于协调推进"四个全面"战略布局论述摘编》，中央文献出版社2015年版，第36页。

乡村振兴战略的主体，"农村要发展，根本要依靠亿万农民"①，乡村振兴战略的实施要突出农民主体地位和主体作用，"切实发挥农民在乡村振兴中的主体作用，调动亿万农民的积极性、主动性、创造性。"②

2. 保障农民物质利益，尊重农民民主权利是农民主体作用发挥的核心问题

土地问题是农民物质利益最集中的反映，也是毛泽东同志一直关注的重点问题。毛泽东同志指出"要增加生力军保护革命，非解决土地问题不可"。③ 解决土地问题是维护农民利益和扩充革命武装力量的根本举措。在革命的不同历史阶段，毛泽东同志始终坚持建立农民土地所有制的根本原则，实行"地主减租减息，农民交租交息"的土地政策、"耕者有其田"的土地制度，有步骤、有分别地消灭了封建剥削制度，确立了农民土地主人的地位，极大地调动了农民群众生产和革命的积极性。此外，毛泽东同志也十分重视农民的民主权利。毛泽东同志指出，要充分发挥农民主力军的作用，必须先将农民组织在农会里，以"造成一个空前的农村大革命"④，广大农民在农会的带领下，农民群众看到了自身的价值和伟大作用，农民主力军的作用得到最充分而有效的发挥。

邓小平同志认为调动农民积极性的基本原则有两条：一是在经济上保障农民的物质利益。他指出，"革命是在物质利益的基础上产生的"。⑤ 在讲究多劳多得、重视物质利益的原则下，邓小平同志率先支持家庭联产承包责任制的形成和发展，极大地提高了农民的生产积极

---

① 习近平：《论"三农"工作》，中央文献出版社2022年版，第157页。
② 中共中央文献研究室编：《十九大以来重要文献选编》（上），中央文献出版社2019年版，第160页。
③ 中共中央文献研究室、中央档案馆编：《建党以来重要文献选编1921—1949》（第四册），中央文献出版社2011年版，第168页。
④ 《毛泽东选集》（第一卷），人民出版社1991年版，第14页。
⑤ 《邓小平文选》（第二卷），人民出版社1994年版，第146页。

性；二是在政治上充分尊重农民的民主权利。邓小平同志指出，"要切实保障工人农民个人的民主权利"，主张"把权利下放给基层和人民"，实现民主的最大化。江泽民同志也十分重视保障农民经济利益。江泽民同志指出"增加农民收入是一个带有全局性的问题"①，解决农民实际问题是使农民成为主体的真正表现。同时，江泽民同志指出保障农民民主权利不可或缺，要进一步"扩大农村基层民主"，让广大农民能够行使各项民主权利。胡锦涛同志也强调，增加农民收入是我国现代化进程中需要不懈努力解决的长期问题，必须不断解放和发展农村社会生产力，为农民的全面发展奠定坚实的物质基础。

习近平总书记始终关心农民的物质利益和民主权利问题。党和政府的"三农"政策要围绕符合民意、惠及民生来制定和落实。此外，习近平总书记也高度重视农民的政治民主权利，他指出，要"切实保障农民物质利益和民主权利"②。习近平总书记强调要让农民自己"说事、议事、主事"，行使农民当家做主的权利，积极参与乡村治理。在新时代乡村治理体系上，习近平总书记提出"健全党领导下的自治、法治、德治相结合的乡村治理体系"③，深化村民自治实践，充分发挥广大农民在乡村治理中的主人翁作用。

3. 开展思想政治教育，提高农民科学文化素质是农民主体作用发挥的内在动力

毛泽东同志继承和发展了马克思经典作家关于农民二重性的理论，深刻认识和把握农民的两重性特征，指出"严重的问题是教育农民"④。土地革命时期，毛泽东同志深切感到加强无产阶级思想领导的重要性，他对井冈山根据地党组织中存在的各种非无产阶级思想的表

---

① 《江泽民文选》（第三卷），人民出版社2006年版，第216页。
② 中共中央党史和文献研究院编：《十九大以来重要文献选编》（中），中央文献出版社2021年版，第159页。
③ 中共中央党史和文献研究院编：《十九大以来重要文献选编》（中），中央文献出版社2021年版，第162页。
④ 《毛泽东选集》（第四卷），人民出版社1991年版，第1477页。

现进行了分析。在古田会议中,毛泽东同志指出,党内出现的"种种不正确思想的来源"①是党的组织基础大部分是由农民和其他小资产阶级构成的。为此,要加强对党内成员的思想政治教育,改造以农民为主体的红军队伍。抗日战争时期,毛泽东同志将思想政治教育提升到团结全党进行伟大政治斗争的中心环节的地位,对农民进行经常性的政治动员和教育,唤醒农民生产和抗日的热情。新中国成立后,毛泽东同志也十分重视对农民进行思想、文化等方面的教育,在广大农村地区大力推广扫盲工作,不断提高农民群体的科学文化素质。

邓小平同志在充分肯定和高度评价农民主体地位的同时,也十分关注农民的素质教育。邓小平同志主张把农民培养成为符合社会主义要求的有科学理念和技术知识的现代农民,指出要充分贯彻"科技兴农"战略,大力加强农业科学研究和人才培养,使广大农民都掌握科技这一第一生产力。世纪之交,面对改革开放以来农村社会凸显出来的种种思想文化领域的问题,江泽民同志指出"在新的时期,教育和提高农民的任务仍然很繁重",要充分"重视对农民特别是青年农民进行爱国主义、集体主义、社会主义思想教育"②。胡锦涛同志也指出,农民是社会主义新农村建设的主力军,要"培育有文化、懂技术、会经营的新型农民,发挥亿万农民建设新农村的主体作用"。③

鉴于现代农业的发展趋势,习近平总书记高度重视现代农民的培养。针对新时代"谁来种地"和"如何种地"的农民主体问题,习近平总书记提出了培养新型职业农民的目标,指出,要提高农民素质,培养造就新型农民队伍,④让农民成为有吸引力的职业,将农民培养成爱农业、懂技术、擅经营的新型职业农民。此外,习近平总书记还特别注重提升农民精神风貌,他指出要传承发展提升农耕文明,加强对

---

① 《毛泽东选集》(第一卷),人民出版社1991年版,第85页。
② 《江泽民文选》(第一卷),人民出版社2006年版,第276页。
③ 《胡锦涛文选》(第二卷),人民出版社2016年版,第631页。
④ 习近平:《论"三农"工作》,中央文献出版社2022年版,第96页。

农民社会主义核心价值观的弘扬,"加强爱国主义、集体主义、社会主义教育"①。

总之,中国共产党主要领导人在继承马克思主义经典作家关于农民作用相关论述的基础上,结合中国特殊的国情进行守正创新,肯定了农民在中国革命、建设和改革中的主体地位,指出发挥农民主体作用需要保障农民物质利益,尊重农民民主权利,进行思想政治教育,提高农民科学文化素养等。这些重要思想为新时代乡村治理现代化中农民主体作用的发挥提供了重要的启示与借鉴。

（三）中华优秀传统文化关于农民作用的思想

"三农"问题一直是中国古代社会经济发展的基本问题。中华优秀传统文化中关于农民作用的思想集中体现在中国历代王朝始终贯彻的"重农"思想之中。尽管对"重农"思想有不同的理解和主张,但寻其共性可以将"重农"思想概括为三个方面,即"以农为本""重农养民""以教育民",这些思想为乡村治理现代化中农民主体作用研究提供了历史借鉴和文化支撑。

1. "以农为本"巩固物质基础

"以农为本"即农业是维护国家统治,实现国家长治久安的根本。中国的"农本"思想最早出现在先秦时期。春秋法家人物代表管仲将民划分士、农、工、商四类,他指出在"四民"中,农民占绝大多数,为此要"沾体涂足,暴其发肤,尽其四肢之敏,以从事于田野"②,充分发挥农民的积极性才能使农业有较好的发展。战国时期,商鞅提出了"农本论"和"农战论"的重农思想。他提出"民毕农则国富",强调"欲农富其国者,境内之食必贵","食贵则田者利,田者利则事者众"③,表明发展农业可以提高国家的综合实力,让农民

---

① 习近平:《论"三农"工作》,中央文献出版社2022年版,第253页。
② （春秋）左丘明:《国语·齐语》,邓启铜点校,东南大学出版社2010年版。
③ 商鞅:《商君书》,张洁评译,北京联合出版公司2017年版。

第三章　乡村治理现代化中农民主体作用研究

有利可图可以促进更多的国民从事农业生产。商鞅还指出"国不农，则与诸侯争权不能自持也，则众力不足也"。① 农业可以为战争提供必需的物质基础，从事农业生产劳动的人口越多，国家抵抗诸侯国的能力就越强。秦汉时期，"以农为本"的思想开始成为中国传统经济的指导思想。秦始皇将"重农抑商"作为富国兴民的基本国策，指出"上农除末，黔首是富"②。到汉朝，汉文帝鼓励发展农业生产，强调"夫农，天下之本也"。他听取了晁错的意见，实行"入粟拜爵"的制度，使西汉初期农业生产得到了恢复和发展。明朝时期，朱元璋指出"农为国本，百需皆其所出"。他认为农业为"治之先务，治国之根本"③，发展农业生产关键在于组织广大农民安于田亩，创造性地推行了屯田政策。

2."重农养民"厚植民生根基

"重农养民"即农民是农业生产的主要承担者，发展农业必须体恤和爱护农民，以使农民更好地进行农业生产。历代王朝"重农养民"的思想一般体现在抑奢靡、薄徭役、轻赋税的治国政策上。先秦时期，孟轲指出，国君实行"仁政"，需要做到"易（治）其田畴，薄其税敛，民可使富也"。④ 他主张减少赋税的种类，合理取民。荀况主张国与民同富，强调"轻田野之税……无夺农时，如是则国富矣"⑤，在政策上要减轻农民赋税，不要在农忙季节征调徭役，以保证农业的稳定发展。北宋时期，范仲淹充分重视对农业经济的改革。针对当时官吏不重视农业的心理，范仲淹批评当今官吏只知道通过赋税将农业物资移用到自己身上是紧急的事，却不懂得致力于农业是首要之事，这是没有弄清统治的根本。只懂得致力于农业而不懂得用度来

---

① 商鞅：《商君书》，张洁评译，北京联合出版公司2017年版。
② 徐卫民、张文立编：《史记研究集成·十二本纪·秦始皇本纪》，西北大学出版社2019年版。
③ 《明太祖实录》，中华书局2016年版。
④ （清）焦循：《孟子正义》，沈文倬点校，中华书局2017年版。
⑤ 《荀子》，方勇、李波译，中国人民大学出版社2017年版。

爱护农民，是没有尽到致力于农业的办法。① 在明朝时期，朱元璋反复宣传强调"重农养民"的重要性。他指出"四民之业，莫劳于农"②，他认为农、士、商贾、工技"四民"之中，农民最为辛劳，应该居于首位。他还教育官吏不要"劳民"，要使四民"各安其生"，"各守其业"，只有这样才能天下大治、各得其所。

3."以教育民"培育农民德行

"以教育民"即以农业生产和伦理道德去教育农民，从而教化乡民德行，促进农业生产发展。一方面，要在经济上劝诫农民进行农业生产，达到安定农民的目的。战国时期，商鞅指出，"圣人知治国之要，故令民归心于农"。③ 表明治理国家的要领在于令百姓归于农田之中，百姓专心务农，民众就会朴实而易于管理。明朝时期，海瑞认为井田制的实施可以促进农民思想的教化，实现天下安定。另一方面，要在治理上对农民实行道德教育，达到安定乡村的目的。宋朝时，由于统治者的重农政策，地方官吏兴起了发布劝农文的潮流。地方官吏的劝农文不仅含有对农业生产经验的传播，同时也对乡村社会风俗进行劝化，以达到对乡民的道德教化作用。张栻在劝农文中将"劝课农桑"④ 寓于道德教化之中，告诫农民父慈子孝可以感召阴阳之和，带来丰收之年。同时，在两宋时代，农民基于地缘、血缘关系自发制定乡约，成为乡民之间"互劝互助，施善惩恶"的重要方式。明朝时期，王明阳主张"立学社以训蒙童"，乡民之间应该"互相诫勉，兴立社学，延师教子，歌诗习礼"，通过立社学普及教育文化，提高农民素质。

总之，农业作为中国古代传统社会具有决定性作用的生产部门，

---

① 《欧阳修全集》，中华书局2001年版。
② 《明太祖实录》，中华书局2016年版。
③ 商鞅：《商君书》，张洁评译，北京联合出版公司2017年版。
④ （宋）张栻：《张栻集·南轩先生集补遗》，杨世文点校，中华书局2016年版，第1492页。

第三章　乡村治理现代化中农民主体作用研究

农民作为中国古代传统社会存续和变革的基本力量,都是历代王朝深受重视的对象。"以农为本""重农养民""以教育民"的思想不仅为当时政治统治的巩固和农业经济的发展提供了理论遵循,同时也为新时代乡村治理现代化中农民主体作用的研究构筑了深厚的文化根基。

二　乡村治理现代化中农民主体作用发挥的实践基础

党的十八大以来,随着国家治理现代化的推进,乡村治理现代化开启新局面。以习近平同志为核心的党中央,始终高度重视农民主体地位,以自治为根本、以法治为保障、以德治为依托,健全党组织领导的"三治"融合的乡村治理体系,农村党群干群关系明显改善,农民参与意识有所提升,农民民主权利不断落实,为乡村治理现代化中更好发挥农民主体作用奠定了坚实的实践基础。

（一）党群干群关系明显改善

进入新时代,围绕"找回群众"的核心问题,我国深入推进农村党基层组织建设,优化农村基层党员干部队伍结构,持续推进农村基层党组织党风廉政建设,促进党群沟通,密切党群关系,农村基层党组织在乡村治理中的凝聚力不断加强,农民群众对农村基层党员干部的认同感和信任感不断提升。

一是农村基层党员干部队伍结构不断优化,提升了农民群众对农村基层党员干部的认同感。2019年1月修订的《中国共产党农村基层组织工作条例》明确了农村基层党组织干部队伍的培养和选拔方式,强调应当从本村致富能手、外出务工经商返乡人员、本乡本土大学毕业生、退役军人中的党员培养选拔村党组织书记。[①] 在新一轮村庄集中换届工作中,广大农村地区通过吸纳驻村干部、经济能人、文化贤人、动员返乡人员、回乡大学毕业生、复员退伍军人等,不断扩充乡村建设的人才储备,优化了农村基层干部队伍结构。在2022年

[①] 《中国共产党农村基层党组织工作条例》,人民出版社2019年版,第20页。

全国村"两委"换届完成后，我国村"两委"成员高中（中专）以上学历占比提高16.7个百分点，村党组织书记大专以上学历的占比提高19.9个百分点。① 为进一步推动新班子干事创业，各级政府与党委积极开展履职培训，履职培训工作增强了基层干部服务群众的意识和带领村民致富的能力。许多农村地区的村党支部书记担任村集体经济组织的负责人，采用"党组织+合作社"等形式，不断发展壮大集体经济，促进农民增收，扩大了农村基层党员干部在农民群众中的影响力。

二是农村基层党组织党风廉政建设快速推进，增强了农民群众对农村基层党员干部的信任感。农村基层党组织党风廉政建设关系着广大农民群众对党和政府坚强领导力的信任度。党的十八大以来，党中央和各级党委政府深入推进党风廉政建设，加大反腐力度，推动全面从严治党向基层延伸。在全面从严治党战略布局下，各地区加强农村纪检监察工作，村干部述职述廉制度、村级"四议两公开"制度、村务监督委员会工作制度等为农民群众举报乡村干部不作为、慢作为、乱作为问题提供了新渠道。② 2023年中央一号文件首次明确"开展乡村振兴领域腐败和作风问题整治"。中央纪委于2024年2月印发《关于开展乡村振兴领域不正之风和腐败问题专项整治的意见》，要求各级纪检监察机关切实提高监督保障全面推进乡村振兴的政治责任感，坚持严的基调、采取严的措施大力整治乡村振兴领域不正之风和腐败问题，为全面推进乡村振兴提供坚强保障。

（二）农民参与意识有所提升

党的十八大以来，我国不断健全党建引领下的"三治"融合乡村治理体系，增强乡村村民自治能力，提高乡村依法治理水平，发挥乡

---

① 《全国村"两委"集中换届完成（奋斗百年路 启航新征程·党旗在基层一线高高飘扬）》，《人民日报》2022年5月23日第1版。
② 王立峰、孙文飞：《建党百年来农村基层党组织建设的演进历程与经验启示》，《江苏行政学院学报》2021年第5期。

村德治教化作用。随着党建引领下的"三治"融合治理体系不断完善，"共建共治共享"治理格局的持续推进，农民相较于过去有了更多参与乡村治理的机会和空间，农民的民主意识、法治意识、集体意识逐渐增强，农民开始表达自己的意愿与诉求，参与到乡村治理的现代化实践之中。

一是村民自治实践不断深化，农民的民主意识逐渐增强。乡村治理中的村民自治为农民在乡村治理中提供了独立、自主表达意见的建议和空间。党的十八大以来，党中央、国务院以及有关部门多次就村委会选举、村务公开和民主管理等出台政策，规范引导村民自治实践，为村民自治健康发展提供了坚实的制度保障。① 同时，随着社会主义新农村建设的不断深化，村民自治范围不断拓展和延伸，农民能够以更多的方式参与乡村治理的各项工作，保障了农民群众在乡村治理格局中的主体地位。通过农民自己说事、议事、主事，农民开始懂得行使民主权利的重要性和保证民主进程的必要性，农民的民主意识和责任意识普遍增强，能够以更加主动的心态参与到乡村公共事务中，提高了基层民主政治参与实效。

二是乡村治理法治化水平明显提高，农民的法治意识有所提升。2020 年 3 月，中央全面依法治国委员会通过《关于加强法治乡村建设的意见》，强调新时代"要坚持以社会主义核心价值观为引领，着力推进乡村依法治理。"② 我国扎实推进乡村依法治理，乡村普法工作和乡村依法治理工作都取得新进展。首先，"民主法治示范村"建设工作不断深化。截至 2023 年，我国公示了九批 5537 个"全国民主法治示范村（社区）"，引领带动了我国的法治乡村建设。③ 其次，农村

---

① 《健全和完善村民自治制度 激发农村发展新活力》，中华人民共和国民政部网，https://www.mca.gov.cn/n152/n166/c44566/content.html。
② 《中央全面依法治国委员会印发〈关于加强法治乡村建设的意见〉》，《山西农经》2020 年第 6 期。
③ 王晓光、张胜昔：《法治乡村建设工作调研报告》，《中国司法》2019 年第 9 期。

"法律明白人"培养工程初见成效。通过培养这些"法治带头人",广大农村形成了依法办事的浓厚氛围。最后,乡村普法宣传教育持续推进。各地利用乡村公共场所所建设的法治广场、法治宣传栏、法治图书角等阵地,以多样化的方式宣传法治,引导村民尊法学法守法用法,增强了农民的法治意识、规则意识和契约精神,规范了村民参与乡村治理的行为。

三是乡村德治建设稳步推进,农民的集体意识不断增强。2018年中央一号文件明确指出,要提升乡村德治水平,并就提升乡村德治的措施作了宏观部署。2019年,中共中央、国务院印发《关于加强和改善乡村治理的指导意见》将培育和践行社会主义核心价值观、实施乡风文明培育活动等作为乡村治理中的主要任务。2024年中央一号文件指出,要提升乡村治理水平,改进创新农村精神文明建设。[①] 2025年中央一号文件指出,进一步加强新时代农村精神文明建设,强化思想政治引领,实施文明乡风建设工程,推动党的创新理论更加深入人心、社会主义核心价值观广泛践行。[②] 近年来,各地积极开展乡村德治建设,通过制定村规民约、开展移风易俗、发挥道德模范示范、加强文化引领等方式营造了良好的乡村德治环境,唤醒了农民群众的文化认同感和共同体意识,农民群众的集体意识和合作精神不断增强,逐渐参与到乡村公共事务的管理之中。

(三)农民民主权利不断落实

党的十八大以来,我国积极发展基层民主,以党建引领推进乡村治理体系和治理能力现代化,依法推进民主选举,广泛开展民主协商,全面实行民主决策,着力强化民主监督,丰富基层民主实践,为农民主体作用的发挥提供了制度保障,乡村治理更加体现民情、民

[①]《中共中央 国务院关于学习运用"千村示范、万村整治"工程经验有力有效推进乡村全面振兴的意见》,《人民日报》2024年2月4日第1版。

[②]《中共中央国务院关于进一步深化农村改革 扎实推进乡村全面振兴的意见》,中国政府网,https://www.gov.cn/zhengce/202502/content_7005158.htm。

盼、民需、民意,农民民主权利不断落实。

一是农村基层民主选举日益常态化,选举程序日趋规范。2018年修订的《村民委员会组织法》将村委会任期由3年调整为5年。2020年下半年启动的新一届村"两委"选举呈现出崭新的景象,截至2022年5月,全国49.1万个村班子顺利完成换届,各地查处涉及换届的违纪违法案件数量较上轮换届下降65.4%。[①] 在村"两委"选举期间,各地严格遵循有关法律法规,紧盯选民登记、候选人提名、投票选举等关键节点,通过多样化的政治动员、激励性的选举误工补贴制度、规范化的秘密写票处、委托投票、全程录像等措施改变了以往村民政治冷漠的态度,激发了村民的选举热情,规范和保障了村民选举权的顺利实现。

二是村民议事协商制度不断健全,村务民主决策逐渐规范。近年来,广大农村地区围绕涉及村民利益的公共事务、群众实际困难和矛盾纠纷、党委政府政策工作落实等突出问题不断拓展协商议事形式和活动载体,创立村民监事会、"民评官""乡村夜话"以及民主评议日等多样化村民议事协商形式,形成了多层次基层协商格局。村民通过村民会议、村民代表会议、村民监事会及其他协商形式对涉及自身利益的重大决策进行广泛讨论、协商决定,极大地调动了农民参与乡村治理的积极性和主动性,村民的民主决策权、话语权在一定程度上得以实现,有效防止了村干部的个人专断,以往农民群体"集体失语"和"政治冷漠"的村级治理样态有所改善,推进了乡村治理的科学化和民主化。

三是村务民主管理工作更加完善。为充分发挥村规民约的积极作用,民政部等相关部门于2018年联合印发《关于做好村规民约和居民公约工作的指导意见》,从总体要求、主要内容、制定程序、监督

[①] 《为全面推进乡村振兴夯实筑牢战斗堡垒——全国村"两委"换届工作顺利完成》,中国政府网,https://www.gov.cn/xinwen/2022-05/22/content_5691762.htm。

落实和组织领导五个方面对村规民约工作做出全面部署。当前，我国农村地区普遍制定了务实管用的村规民约。在各地的实践与探索中，村民通过制定村民自治章程、村规民约等规章制度的形式对村级事务进行民主管理，有效落实了村民的民主管理权利，提高了村民自我管理和自我服务能力，使和谐稳定的乡村社会、有效运作的基层政权成为可能。

四是村民民主监督制度不断创新，村级事务阳光工程持续推进。2017 年，我国印发《关于建立健全村务监督委员会的指导意见》，强调"加强村民民主管理和监督，提升乡村治理水平。"截至 2022 年 9 月，我国村务监督委员会全面建立，95% 的村能够定期公开村务，91% 的村建立村务公开栏，村务公开、民主评议、经济责任审计进入制度化轨道。[①] 村民可以通过村务公开等多元渠道了解村内财政支出、村中集体事务管理等日常事务，加强了农民群众对村内选举、管理和决策等事项的有效监督。

第二节 乡村治理现代化中农民主体作用发挥面临的问题及成因

发挥农民主体作用是维护好、发展好和实现好农民根本利益的逻辑必然，也是推进乡村治理现代化的实践要求。从目前来看，受乡村治理组织结构尚不健全、乡村基层法治建设相对滞后、乡村治理文化生态相对紊乱及农民群体"身""心"缺场等原因的影响，农民主体作用发挥面临农民主体地位虚置、农民主体权益受损、农民公共精神缺失以及农民主体效能不佳的问题，阻碍了农民在乡村治理现代化中发挥应有的主体作用。

---

① 范佳富：《基层群众自治之路越走越宽广》，《中国民政》2022 年第 10 期。

第三章　乡村治理现代化中农民主体作用研究

一　乡村治理现代化中农民主体作用发挥面临的问题

乡村治理现代化的推进不仅需要政府主导的顶层设计、各类资源的有效配置和社会力量的合力帮扶，更需要依靠生于斯、长于斯的农民以主人翁的姿态发挥其主体作用。但是在乡村治理的实践中，农民常常处于"被安排"和"被代表"的角色之中，农民主体地位虚置；乡村公共权力"失范"，基层矛盾纠纷频发，农民主体权益难以得到保障；乡村共同体不断衰落，农民公共精神缺乏，无法汇聚农民群众集体的智慧和力量；农民参与乡村治理的态度冷漠，参与乡村治理的质量较低，主体效能不佳。

（一）农民主体地位虚置

坚持农民的主体地位是农民主体作用发挥的前提条件。在乡村治理现代化中，农民应在党和政府的领导下，根据自己的意愿和诉求独立参与乡村治理，发挥其主体作用。然而在乡村治理的具体实践中，党和政府"替民做主"的现象较为突出，农民常常处于"被安排""被代表"的角色之中，主体地位虚置。

一是农民在乡村治理中常常"被安排"。当前，在乡村治理实践中，作为乡村治理主体的农民常常被认为是权力单向作用的接受者和制度安排的服从者，呈现出名与实相分离的现象。首先，乡镇政府对乡村的"行政化控制"尚未完全消除，代替农民做主。受制于"强政府、弱社会"传统的影响，乡镇政府仍然直接或间接控制着乡村治理的诸多工作，作为乡村治理现代化受益者与主要推动力量的农民被边缘化。部分乡镇政府通过采取选举安排、行政命令、资金项目调配、考核奖惩约束等方式加强对村委会的行政控制，直接或间接干预村民自治，农民的主体意愿和主体地位被取代，村委会也难以依法履行自治职能，不能真正代表农民的利益。其次，部分地区村党组织不尊重村委会的合法自治权力，包揽村庄大小事务，干涉村委会行使自治职权，导致村委会的"四自"职能被弱化，农民难以发挥自身力量开展乡村治理。部分农村基层党组织还习惯于采用包办代替、行政命令等方式行使职能，以致农村基层党组织的许多服务工作脱嵌于农民的生产生活，党和国家的惠民利民政策和举措不能真正落实到农民群众之中。最后，农村集体经济组织中农民话语权缺失。农村集体经济组织是农村集体所拥有的各类资产和资源的运营主体，是农村集体所有权权能的行使主体。① 当前，多地农村集体经济组织运行中，农村集体资产资源基本被村干部接收、发布任务，集体经济蜕变为"干部经济"。作为集体资产所有者的农民对农村土地和其他资产的所有权被虚置，在集体经济发展中的参与机会受到限制或剥夺，无法有效发表意见、参与决策和掌握集体经济的发展方向，强制农民流转土地、土地流转费延期打折、流转农用地变建设用地等违背农民意愿的现象常有发生。② 农民话语权的缺失使农民无法从农村集体经济中获得预期收益和提高生活质量的机会，影响了他们参与农村集体经济的积极主动性。

二是农民在乡村自治中常常"被代表"。村民自治的顺利实施需要农民自由表达自身意志，做出独立自主的行动，最终达到"自治"的效果。然而由于各种因素的困扰，农民的主体身份在自治的过程中常常被其他群体代表。一方面，农民难以根据自己的意愿选出代表自身利益的"当家人"。农民通过村民代表大会选举出能够代表自身利益的候选人，是农民参与乡村治理最直接、最基本的表现。然而，在乡村治理实践中，农民的选举权尚未得到完全的尊重，部分乡村地区的村委会干部由上级政府直接指派，农民对候选人持有的不同意见难以有效表达。在选举过程当中，某些乡村竞选者通过权利或利益胁迫的方式贿赂投票农民诱导其投票，农民投票成为追逐私利的手段，不

---

① 张晓山：《发展新型农村集体经济》，《农业经济与管理》2023年第1期。
② 公茂刚、张云：《新型农村集体经济发展中农民主体地位实现路径》，《农业经济问题》2024年第8期。

第三章　乡村治理现代化中农民主体作用研究

再代表其本身意志和公共价值，村民的选举权流于形式。另一方面，农民难以真正地参与到乡村公共事务的决策、管理和监督之中。在乡村治理实践中，乡村公共事务的决策应当通过村民代表大会广泛征求村民意见。然而由于村"两委"干部相较于农民更具有权力优势、信息优势和资源优势，在一些重要的村务决策中，出现了村"两委"干部"替民做主"的问题，遮蔽了农民的主体地位和主体责任，弱化了农民在乡村治理中的积极性和主动性。农民群众无法自由地对乡村治理做出决策。甚至部分地区的村民代表会议"异化"为"村组长以上干部和党员大会"，村"两委"在参加决议事项时不征求村民的意见，挤占甚至剥夺村民代表的代表权，对乡村事务"一刀切"，农民群体难以参与其中。

（二）农民主体权益受损

推进乡村治理现代化要构建党组织领导下的"三治"融合的现代化治理体系，无论是自治还是德治都需要通过法治来规范和保障。由于乡村基层法治建设尚不健全，基层干部"微腐败"现象时有发生，农民主体合法权益难以保障，乡村治理矛盾纠纷频发，农民主体的多元诉求难以得到有效满足，农民参与乡村治理的意愿和热情下降。

一是基层干部"微腐败"现象时有发生，农民合法权益受到损害。近年来，为推进乡村治理现代化进程，国家将各项优惠政策和资源向农村倾斜，在乡村分配资源权力垄断、基层监督体系运行失灵、法纪意识薄弱和"官本位"思想的影响下，乡村基层"小官贪腐"现象屡屡发生，呈现出经济"微腐败"和政治"微腐败"并存的新态势。基层干部的"微腐败"问题严重侵犯了农民政治权益和经济权益。一方面，农民的经济权益难以得到保障。在乡村经济"微腐败"案件中，基层干部通过虚构证明材料、项目清单等在项目申报和资格认定环节套取骗取项目资金，将专项发展资金挪用在组织内部的日常开支或其他非扶持项目中，甚至利用职位之便，以违法扣留、违规支取等形式私自侵占专项资金。乡村经济"微腐败"将普通村民排斥在村庄公共利益空间分配之外，使农民群众经济权益受损，难以凝聚民心以推动乡村治理现代化建设进程。另一方面，农民的政治权利难以得到保障。在乡村政治"微腐败"案件中，基层干部存在违反程序滥用职权、工作涣散职责失位、弄虚作假欺上瞒下、违规报销吃拿卡要等现象。此外，乡村政治"微腐败"通常还与农村黑恶势力交织，使得村庄的公共政治空间被黑恶势力操纵，如以拉票贿选干扰民主选举，在民主决策中搞"一言堂"，以霸凌方式使民主管理变为"村霸管理"，对民主监督者打击报复等，村民难以依据民主程序参与公共事务，同时也减弱了农民对基层党组织和党员干部的认可和信任，难以激发农民在乡村治理中的积极性和主动性。

二是乡村基层矛盾纠纷频发，农民主体多元诉求难以得到满足。当前，中国乡村处于传统礼俗社会向法理社会过渡的阶段，乡村社会半开放格局逐渐形成，构成了乡村治理矛盾和纠纷频发的基本环境。在传统与现代并存、半封闭与半开放叠加的半开放性社会中，乡村治理矛盾纠纷呈现总体数量居高不下、纠纷类型多元化与纠纷主体扩大化的复杂图景。首先，乡村矛盾纠纷总体数量居高不下。在市场价值体系的影响下，村民与村民之间、村民与村庄、村民与企业之间的行为逻辑更多地建立在功利性和工具性之上，由此造成乡村治理中经济利益对抗的现象普遍增多，乡村社会总体纠纷数量依旧居高不下。其次，乡村矛盾纠纷类型多元化。在传统乡村社会，矛盾纠纷主体通常发生在乡村社会内部，主要以邻里纠纷和家庭婚姻纠纷为主，通过熟人社会的礼治秩序就可以加以化解，加之乡村社会的空间封闭性，一般性矛盾纠纷事件难以外溢。随着乡村利益格局的不断调整，传统的乡村纠纷逐渐扩展为雇佣关系纠纷、环境污染纠纷等新型纠纷，矛盾纠纷不再由单一的情感因素和利益因素诱发，逐渐转变为多重因素"发酵"。最后，乡村矛盾纠纷主体多元化。在乡村纠纷类型多元化的客观现实下，乡村矛盾纠纷主体不再局限于家庭内部成员和村民之间，乡镇企业、个体商业户、村委会、基层政府等都有可能成为乡村矛盾纠纷的主体。矛盾纠纷涉及的主体较多、主体间对抗性较强，难以凭借乡村的传统性规范调解，更多依赖现代性法律规则和纠纷解决机制加以化解。由于现行的乡村矛盾多元纠纷矛盾化解机制尚不健全，难以适应当下乡村纠纷类型多元化与纠纷主体扩大化的复杂形势，许多矛盾纠纷难以得到妥善解决，加剧了乡村社会的不稳定性。

（三）农民公共精神缺乏

农民公共精神是以马克思主义和社会主义核心价值观为理念指导，通过村民积极参与乡村公共事务、培育乡村公共组织和公共空间来实现乡村集体利益价值追求的公共性理念。[①] 以村落为基础的乡村共同体凝聚着农民群体的公共精神，维系着乡村社会治理秩序的正常进行。随着生计模式的转变和人口结构的转型，乡村共同体不断衰落，农民群众因缺乏价值层面的支撑而呈现出去组织化倾向，集体意识逐渐弱化，公共道德意识普遍降低，无法形成强有力的公共精神。

一是农民集体意识相对薄弱。农业税费制度取消后，集体化时期村社集体与农民之间结成的互惠性合作结构逐渐丧失了存在的社会基础。农民与村社集体关系的破裂以及农民对传统乡村文化和村庄生产生活方式认同感的降低，使农民对村社集体的向心性不断弱化。在日益开放和快速流动的农村社会，农民分化程度的不断增加，彼此之间不再熟悉，村庄社会关联网络大幅缩减，村民之间的信任与合作关系难以维系。松散的村民交往体系和交流模式弱化了农民的村庄归属意识，农民缺乏参与集体活动和村庄公共事务的社会责任感和义务感，公共精神与集体观念日渐式微。同时伴随乡村传统文化景观和传统社会秩序的日渐消融和瓦解，村规民约和伦理道德对农民的规范作用日益减弱，乡村社会中的非正式权威在广大农民中的聚合力和代表性大

---

① 祝丽生：《培育公共精神：化解乡村社会治理困境的内生路径》，《河南社会科学》2022年第6期。

大降低，乡村社会中以"自我"及"自我家庭"为中心的个人主义倾向日渐泛滥，部分农民对乡村的集体利益漠不关心，甚至形成了"只为自己而活"的个人本位主义倾向。

二是农民公共道德意识较低。随着现代化的快速推进，城乡间流动的乡村剩余人口将城市价值观带到了乡村。在现代城市文明与西方文明等多元价值观念的冲击下，乡村传统文化中的精神和道义逐渐被农民漠视，乡村传统道德体系逐渐瓦解，家庭伦理错位、职业道德失范和社会公德缺失的现象时有发生。这些现象的存在不仅破坏了乡村社会的公共规则，同时也影响了乡村社会的和谐稳定发展。同时，随着各种现代因素的涌入，乡村社会人情关系商品化与人际关系功利化的现象日趋显现。部分农民对金钱产生了盲目的崇拜理念，行为方式中追名逐利意识明显增多，社会功利性价值的竞争逐渐成为主流。由于缺乏对腐朽文化和落后文化的鉴别力与抵抗力，农民在盲目接受这些异质文化时，习得甚至内化，出现了过度娱乐化、庸俗化、欲望化、功利化等异化倾向，这些不良风气腐蚀了农民的价值观念，严重抵消了农民群体原有的公共精神，使其难以正确调动自身的主观能动性投身乡村治理实践。

（四）农民主体效能不佳

乡村治理现代化的顺利推进，既需要发挥国家的引擎作用，也需要广大农民主动担当起治理乡村的责任和使命，依靠自身在乡村场域所具有的先赋优势充分发挥主体作用，实现国家主导与农民主体的"双轮驱动"。[1]但在当前的乡村治理实践中，作为主体的农民参与乡村治理的态度冷漠，参与乡村治理的质量较低，呈现出主体效能不佳的局面。

一是部分农民参与乡村治理的态度冷漠。乡村治理要走向治理现

---

[1] 李建勇：《在场与出场：乡村振兴中农民主体性的回归与实现》，《昆明理工大学学报》（社会科学版）2022年第3期。

第三章 乡村治理现代化中农民主体作用研究

代化,其关键是激活农民的主体意识,使农民能够认识到自身的主体地位,根据乡村治理现代化的需要对自己的意识和行为进行调控,表现出"我要参与"和"我能参与"的积极态度。然而在现实中,部分农民不愿也不想参与乡村公共事务,参与态度冷漠。一方面,部分农民不关心乡村事务,参与乡村治理的行动意向不足。在多数农民的观念里,政府和基层干部才是乡村治理的主体,自己只是一个被动的参与者,对参与乡村集体事务常抱有完成任务的心态,当没有党和政府的要求时,不会自觉参与其中,继而成为乡村治理的"旁观者"和"局外人",难以为乡村发展做出贡献。另一方面,部分农民存在"自我除能"的惰性心理,参与乡村治理的责任感缺失。农业税费取消后,国家以"资源下乡"与惠农政策"反哺"的方式助力推进乡村治理,与日俱增的政策保障与下乡资源为乡村治理提供强大外源性动力的同时也打破了原有乡村社会公共利益格局,部分农民出现了甘于用"弱势身份"换取"公共福利"的自我矮化行为,出现了"等靠要"的惰性心理。[1] 与此同时,由于农民群体文化素养较低,对自身权利及义务没有清晰的认知,他们习惯于听从政府和村"两委"的安排,不善于用制度化的方式表达自身的意愿和诉求,在面对乡村公共活动、集体事务时表现出"不上心""不自觉"甚至"搭便车"的心态,将村干部作为自身的"权力代表",放弃了自己应有的主体权利,这种"主体倒置"的行为进一步加深了农民的惰性心理,缺少参与乡村治理的责任感和使命感。

二是农民参与乡村治理低质化现象突出。乡村治理中农民主体作用的发挥强调农民主体的普遍参与,没有考虑农民需求或没有吸纳农民参与意见的乡村治理现代化容易导致"硬件强""软件弱"的"悖

---

[1] 王进文:《农民主体性在场的乡村振兴事业:经验局限与拓展进路》,《理论月刊》2020年第11期。

反结果"。① 乡村青壮年人口的流失与乡村人口的结构性失衡使得农民群体参与乡村治理的质量较低。一方面，农民象征性参与现象较为普遍。当前，部分乡村的乡村建设行动主要由乡镇组织建设、村"两委"协调配合，村民小组和少数老党员参与。村庄没有建立制度化的参与机制，鼓励农民参与的渠道不多，对普通农民的意见只进行象征性的征求，某些利益相关者只是被知晓和被动参与。同时，乡村中的普通农民群体属于乡村社会的弱势群体，多数农民缺少参与乡村建设过程、内容、方式等方面决策的渠道，无法真正实现有效参与和高质量参与，呈现出"集体失语"的现象。另一方面，农民同质化参与现象较为突出。当前，农村社会结构呈现多元化、复杂化的演变趋势，留守在乡村的农民群体出现了内部分化，形成了传统农业劳动者、新型职业农民、进城"农民工"、新型经营主体、农村干部等多种类型。② 农民阶层的分化意味着农民需求的多元化和个性化，但因不同类型的农民参与乡村治理的机会和能力的不同，农民参与同质现象普遍存在。一般来讲，相对于传统农业劳动者来说，新型职业农民、新型经营主体、农村干部等通常具有更高的科学文化素质，传统农业劳动者在参与乡村治理时易于受到乡村中少数权威人士意见的影响，难以保障收集意见的广泛性和真实性。同时，由于多数参与乡村治理的村民在生活环境、个人见识等方面具有高度相似性，乡村治理的政策决策者无法广泛获取和聚合各方不同意见和建议，参与同质现象凸显。

二 影响乡村治理现代化中农民主体作用发挥的原因

针对乡村治理现代化中农民主体作用发挥的现实困境，需要找到

---

① 邓大才：《乡村建设行动中的农民参与：从阶梯到框架》，《探索》2021 年第 4 期。
② 隋筱童：《乡村振兴战略下"农民主体"内涵重构》，《山东社会科学》2019 年第 8 期。

第三章　乡村治理现代化中农民主体作用研究

问题的根源才能做到有针对性地破解。在城乡二元结构发展框架下，乡村治理组织结构不健全、乡村基层法治建设相对滞后、乡村治理文化生态相对紊乱及农民群体"身""心"缺场等方面，成为制约乡村治理现代化中农民主体作用发挥的主要因素。

（一）乡村治理组织结构尚不健全

当前我国乡村治理形成了"一核多元"的乡村治理组织体系，多元治理主体之间的关系呈现出纷繁复杂的格局，治理主体之间存在权利越位、错位现象。作为乡村治理现代化核心领导的农村基层党组织组织力弱化，组织动员群众的能力不强；村民委员会自治功能异化，难以真正为农民群众代言；农村集体经济组织职能虚化，难以凝聚农民合力。乡村治理组织结构的不健全使农民难以根据自身意愿和愿望，自由、自主地做出决定而处于服从与被支配的地位，造成农民主体地位虚置的现象。

一是基层党组织群众组织力弱化难以有效组织农民。农村基层党组织的群众组织力是农村党组织依靠、动员、组织和教育广大农民群众参与乡村治理现代化建设的能力。[①] 乡村治理现代化的推进需要农村基层党组织增强群众组织力，动员广大农民群众参与到乡村治理工作之中，继而发挥出农民群体的主体力量和智慧。然而在推进乡村治理现代化中，部分农村基层党组织群众组织力弱化，难以有效服务、组织和联系农民群众。第一，部分农村基层党组织服务农民群众的意识淡薄，难以有效服务群众。部分农村基层党组织为农民群众服务的意识不强，存在"重痕不重绩"的形式主义倾向，在贯彻乡镇党委、政府的组织工作安排时，时常从完成任务的角度出发，习惯于以会议记录、工作笔记等"留痕"的表面工作代替实际工作，较少真正贴近群众，无法回应农民的需求和愿望。第二，部分农村基层党组织带领

[①] 祝奉明、陈伟：《新时代农村党组织群众组织力的研究范畴及建设路径》，《东岳论丛》2019年第12期。

农民致富的能力不强，难以有效组织群众。在农村集体经济式微的现状下，农村基层党组织可利用的经济资源相对匮乏，服务群众的资源和手段有限，农村基层党组织与农民群众之间的关系因缺乏利益联结而有所淡化。同时由于基层党员干部队伍素质不高，许多党员干部对现代农业发展趋势和形势并不了解，为乡村谋发展的意识不强，也不具备经营和管理现代经济产业的能力，缺少带领农民群众发展经济、实现共同富裕的本领，无力带领农民致富，因而难以组织和凝聚农民群众。第三，部分农村基层党组织动员农民的宣传方式滞后，难以有效联系群众。部分农村基层党组织的宣传工作还停留在传统思维模式和行为方式中，对农村基层信息化建设工作不主动、态度不积极，缺少主动运用信息化方法宣传群众、团结群众的能力，使得部分农村基层党组织在群众工作中出现网络"话语"空场现象，难以调动农民群众的积极性、主动性和创造性，农民群众无心参与乡村治理。

　　二是村民自治组织功能异化难以有效代表农民。村民自治是乡村治理现代化中农民主体作用发挥的重要表现，农民群众依托村民自治组织进行自我管理、自我服务、自我教育，行使各项民主权利，以此保证自身在乡村治理中的主体地位。但在村民自治开展的实践中，本应代表农民利益的村委会自治功能异化，难以真正为农民群众代言。一方面，部分村委会"附属行政化"倾向突出，消解了村委会的自治功能。在压力型行政体制下，乡镇基层政权将村委会视为乡镇政府的下属单位，扩大村委会承担的行政事务范围，使村委会的行政职能过分膨胀，忙于落实乡镇派发的各项行政任务之中，投入村庄民主化治理的精力较少，与此同时，村委会的行政化倾向使其成为乡镇政府下属单位"行政村"，而不是村民行使自治权利的"自治村"，农民的主体意愿和主体地位被取代，村委会难以依法履行自治职能，不能真正代表农民的利益。另一方面，部分村委会自治权力扩大化，影响了村民自治的实践绩效。部分村委会过分强调自治权，以绝对的村民自治为理由，不服从甚至排斥基层党组织的领导，不断扩大自身权利，将基层民主极端化。部分地区的村委会被主要领导干部掌控，在对乡村集体收益分配等重要事务进行决策时，以自身意愿取代农民群众的意愿，使农民难以真正参与到乡村公共事务中的决策、管理和监督之中，农民的主体地位被边缘化。

三是农村集体经济组织职能虚化难以凝聚农民合力。农村集体经济组织是"代表'农民集体'行使集体财产所有权的经济组织"[①]。集体经济组织能够以共同利益为纽带，唤醒农民群众的村社理性和集体理性，提高农民的组织化程度，调动和发挥乡村治理中农民的主体作用。改革开放以来，在统分结合的双层经营体制下，农村经济体制改革"去集体化"倾向突出，集体经济组织职能不断弱化，村集体因缺乏物质支持而难以凝聚农民合力。一方面，农村集体经济呈现"空洞化"特征，无力增加农民集体收益。实施家庭联产承包责任制之后，我国农村地区的农业生产逐渐走向了个体分散阶段，大部分农村集体没有了"可控可用"的集体资源和资产，农村集体经济组织"名存实亡"，逐渐丧失了在农村经济发展中的引领地位。同时，许多农村地区集体资产种类少、价值低以及市场化受限，农村集体经济组织的设立并无必要，部分地区选择由村委会代行乡村集体经济组织职能，农村集体经济发展出现"政经不分"的问题，经济职能难以有效发挥，不能实现农民利益最大化。农村集体经济力量的弱化与自身造血能力的不足使村社集体在组织农民开展农业生产经营活动过程中缺乏组织凝聚力和向心力，难以有效组织农民发挥农民在乡村治理中的主体作用。另一方面，农村集体经济组织内部管理失范，难以保障农民根本利益。农民根本利益不仅表现为作为农民集体成员所享有的居住利益、生存利益等基础利益，还表现为作为农民集体成员对集体经济发展所享有的民主权利和分享集体经济增长所带来的财产性权利。[②]

---

① 沈理平：《农村集体经济组织成员资格认定的立法规制》，《学海》2024年第3期。
② 沈理平：《农村集体经济组织成员资格认定的立法规制》，《学海》2024年第3期。

当下规范农村集体经济组织的法律制度尚不健全，部分农村集体经济组织中成员大会、理事会、监事会的核心成员与村"两委"成员高度重叠，基层治理中的行政权、集体经济控制权与自治组织领导权等集中于内部少数人手中，农村集体经济组织的运行出现了集体所有权虚置、权力滥用和基层"微腐败"问题。[1] 在此现状下，"农民成员集体所有的土地在征用征收过程中私下里'被交易'，农户的承包经营权违背农户意愿'被流转'"。[2] 作为集体经济组织普通成员的农民处于一种权益受损或者被边缘化的尴尬境地，集体经济组织的"农民性"基本丧失，无法落实和保障农民的根本利益。

（二）乡村基层法治建设相对滞后

乡村基层法治建设有利于规范保障农村基层社会治权行使，平衡乡村各类主体利益诉求，构筑起农民主体参与乡村治理的基本环境。但是，乡村"微腐败"监督和惩治机制不健全，乡村矛盾纠纷化解机制不完善以及乡村公共法律服务供给不足等原因导致乡村公共权力"失范"和农民"维权"困难，农民主体权益无法保障。

一是乡村"微腐败"监督和惩治机制不健全。作为乡村治理的领头人，基层干部不仅是党和政府治国方针政策在乡村社会落实的"执行人"，还是农民群众的"主心骨"，虽然社会经济地位不高，但在乡村社会却拥有广泛的权力触角。[3] 乡村小微权力运行机制不健全为基层干部创造了"微腐败"的土壤和空间，出现在乡村职务管理过程中以权谋私的腐败问题。一方面，乡村"微腐败"监督机制运转失灵，权力监督主体缺位。基层干部的工作理应受到来自上级政府、村级组织和基层群众的多重监督，但实际的运行当中存在上级监督不到

---

[1] 雷啸、郭祥：《农村集体经济组织治理模式创新研究》，《农村经济》2020 年第 10 期。
[2] 张晓山：《发展新型农村集体经济》，《农业经济与管理》2023 年第 1 期。
[3] 王建芹、张钦：《监察体制改革背景下村干部"微腐败"行为治理：成效与路径》，《治理现代化研究》2024 年第 1 期。

位、同级监督无效力、村民监督无效用等现象，对村干部的监督流于形式。在上级监督上，乡镇政府和乡镇党委注重对村"两委"进行事务安排，有效监管制约不足，乡镇纪检监察也存在执纪监督问责不到位的情况；在同级监督上，由于村党组织和村委会在同一个村庄共事，不愿因监督而伤害彼此关系，两者之间相互监督的效果无法实现。村民自治组织虽然规定了一定的监督机制，但是由于少数村干部的权力过于集中，使村领导集体内部的监督流于形式；在村民监督上，我国的乡村社会依旧属于"半熟人"社会，人情关系交织较多，且村干部掌握基层政权，村民考虑到村干部的政治权威不愿、不能乃至不敢揭发村干部的腐败行为。加之农村青壮年外出务工，留守的农民维权意识和法治意识淡薄，难以对村干部形成有效监督。另一方面，乡村"微腐败"惩治机制缺乏，基层干部腐败成本较低。由于村干部具有村民代理人、政府代理人和党的基层干部三重身份，其各种角色及其权限无法在多个体制下被完全覆盖，长期游走在国家监察体系和党的纪律检查体系乃至国家法律体系的"灰色地带"。同时，当前我国现行反腐法律法规对村干部腐败行为的惩罚缺乏可操作性措施，对具体腐败方式的处罚程度未做明确的说明，导致村干部违法犯罪成本较低，存在侥幸心理。

二是乡村矛盾纠纷解决机制不完善。在半开放乡村社会中，过去一元的民间权威已演变为以人民调解委员会为主的民间权威和以基层司法所为主的国家权威并立且共同发挥作用的二元模式。双重权威之间的价值冲突和竞争，导致农村基层调节力量及其联动出现困境。一方面，人民调解委员会调节功能弱化。随着城市化进程的不断加快，乡村社会传统的"熟人社会"逐渐解体，村民之间的凝聚力不断下降，导致村民自治组织在村民心中的权威大幅度下降，人民调解委员会面临人员流失和结构失衡等问题。同时，在缺乏专业人才和资金保障的情况下，人民调解员依旧以村委会成员和新乡贤为主，面对日益多元的纠纷形式时，缺乏相应的法律知识和其他专业技能作为支撑，难以满足纠纷当事人对解决纠纷的专业化要求，无法发挥其解决纠纷的作用。另一方面，基层司法无力承担和解决大量的纠纷案件。尽管诉讼是众多纠纷解决方式中专业最强、权威性最高的方式，但在法治乡村建设中，人民调解等非诉讼解决方式应该仍然是矛盾纠纷化解的主要方式和主要渠道。然而，随着农民权利意识和法治观念不断提高，在面对矛盾纠纷时，村民更多地会选择诉讼方式解决。乡村中大量可以通过非诉讼纠纷途径解决的纠纷案件涌入了基层司法等国家权力机关之中，造成了我国解决纠纷资源的浪费，司法机关陷入人少案多、执行难、案子难以完结的尴尬境地。

　　三是乡村公共法律服务供给不足。作为基层公共服务体系的重要组成部分，乡村公共法律服务体系的完善，有助于现代法律知识和法治观念融入乡村社会，实现法律规范对乡村社会秩序的有效维护和有效引领。但在政府主导的公共法律服务融入乡村治理的法治进程中，乡村法律供给与村民现实需要未能实现良好对接，难以契合农民群体的多元化需求，也未能形成农民群体关于法律规范的认知共识。一方面，乡村公共法律服务资源配置相对薄弱，难以契合农民群体的多元化需求。目前，我国乡村公共法律服务平台建设不足，很多村庄中的公共法律服务只能通过"一套班子，多个牌子"的方式提供"全科医疗式"服务，难以提供精细精准的公共法律服务。部分乡村地区的"12348"平台存在设备落后老化、外部联动不畅等诸多问题，法律援助网站建设不足、网站知晓率不高及互动功能缺失等现象凸显。此外，乡村公共法律服务人才短缺，乡村律师和驻村法律顾问分包村较多，部分工作人员处于监管、代管的工作状态，无法有效地开展服务。另一方面，乡村公共法律服务教育宣传相对不足，难以形成农民群体的认知共识。在以政府为主导的"送法律服务下乡"的法治进程中，村民更多扮演着国家权利规训客体的角色，村民对事关争议的实体性法律和有关纠纷解决的程序性法律只有一个模糊的概念。① 在被动接受法治实践的情境下，村民学法、用法、守法的热情不高，对法律的有效性、实用性持怀疑态度，同时也缺乏了解法律、尊重法律的态度和欲望，阻碍了公共法律服务功能的发挥。

（三）乡村治理文化生态相对紊乱

良好的乡村治理文化生态可以为农民群体提供保障其生活意义和精神价值的村落生活秩序，塑造个人对集体的归属感和依赖感，促进农民群体内部的凝聚力。② 随着市场经济快速发展，现代村规民约效力式微，乡村公共文化服务供需失衡，乡贤文化正向功能发挥不足，导致农民公共精神缺失。

一是现代村规民约效力式微，存在文本行政化与形式化倾向突出、内容结构规范不完整等问题。村规民约是在遵循国家法律法规的基础上结合本村实际由村民共同认可的"公约"，对形成一定的集体利益价值取向、保持深厚的传统文化信仰具有重要的价值功能。③ 随着村规民约进入普及化阶段，日益突出的授权性与法定性特征使其效力式微，难以发挥对农民行为的规范作用。一方面，现代村规民约文本形式化与制定行政化，削弱了农民对村规民约的认同感。伴随各项村规民约政策的轮番出台，各级党委、政府及其职能部门为推行相关政策，指定在地方现有的村规民约中纳入相应的内容，并制定相应的结果评价绩效考核指标，导致不少村规民约成为各类政策和法律规定的汇总与集成，成为政策文件的翻版。村规民约由"民约"异化为"官约"，失去了村级行为规范的灵活性和生命力。④ 另一方面，现代

---

① 喻少如、黄卫东：《公共法律服务融入乡村治理的逻辑转换及其实践进路》，《西北民族大学学报》（哲学社会科学版）2022年第6期。
② 赵旭东、孙笑非：《中国乡村文化的再生产——基于一种文化转型观念的再思考》，《南京农业大学学报》（社会科学版）2017年第1期。
③ 严火其、刘畅：《乡村文化振兴：基层软治理与公共性建构的契合逻辑》，《河南师范大学学报》（哲学社会科学版）2019年第2期。
④ 孙梦、江保国：《断裂与更替：普及时期村规民约的法治化》，《兰州学刊》2022年第1期。

村规民约内容结构规范不完整，弱化了其对农民的行为约束力。由于村规民约的授权性特征，不少地区的村规民约对相关立法和政策进行直接摘录汇编，而对村民应当如何行为指示不清，难以根据村庄特点进行个性化、针对化设计，村规民约对村民的道德指向作用减弱。同时，随着村规民约法治化进程的推进，对于有关惩戒性的条款存在矫枉过正的现象，直接将村规民约中的惩戒性条款删除，弱化了其对村民行为价值的规范与约束作用。

二是乡村公共文化服务供需失衡，乡村公共文化服务"软治理"功能发挥受阻。乡村公共文化服务对农民的价值观念、生活方式和精神寄托具有内生影响。[①] 当前，乡村公共服务供给的价值偏离和行政色彩导致乡村公共文化服务的供给与需求呈割裂状态。一方面，乡村公共文化服务供给旨向出现重形式与轻内容的价值偏离。在现行项目制嵌入总体布局下，各级政府对乡村公共文化服务的供给倾向于大型文化广场、文化基础设施建设等硬性设施，而忽视了对配套文化活动的拓展。这种重"形式"轻"内容"的供给形式，使得乡村的文化活动事项处于"边缘化"境地，乡村公共文化的内涵没有得到深入和强化，导致当下乡村社会出现文化活动载体繁荣和乡村文化规范意义衰败共存的现象。另一方面，乡村公共文化服务供给内容与农民需求存在结构性失衡现象。在"自上而下"的服务供给机制下，各级政府往往基于行政压力、利益驱动和政绩显现等现实运作逻辑来增加乡村公共服务供给的条目，忽略了农民文化的需求表达和民主参与环节，造成农村文化服务与农民文化需求的错位乃至脱节。此外，强烈行政色彩的乡村公共文化服务供给模式在一定程度上削弱了乡村文化发展的内生动力，降低了乡村文化发展承接者、组织者和参与者的主体意识，使得农村自主供给空间不断萎缩，农民在乡村文化建设中的创造

---

① 曹海林、任贵州：《乡村治理视域下的公共文化服务：功能定位与实践路向》，《南京农业大学学报》（社会科学版）2022年第3期。

性和自主性难以增强。①

三是乡贤文化正向功能发挥不足，难以发挥对农民群体的价值引领作用。乡贤文化在传统乡村治理中发挥着教化与安抚民众的重要作用。但在当前的乡村治理实践中，部分地区存在以经济标准衡量新乡贤作用的现象，新乡贤群体结构失衡，乡贤文化的敦风化俗功能弱化。一方面，一些地区在挖掘和培育乡贤资源时存在重视"富乡贤"，忽视"文乡贤""德乡贤"的现象，较为偏重挖掘村内经济能人，导致一些道德模范、文化能人等贤达人员退出新乡贤人才队伍，新乡贤群体出现结构性失衡。② 另外，由于经济权威属于自利性个人，依靠经济权威的新乡贤更加重视自身利益的实现，缺乏动力参与公共事务、传递公共精神。另一方面，新乡贤组织存在"缺位"或"越位"现象，难以有效发挥乡贤文化的多重功能。在一些村"两委"占据主导地位的村庄，村"两委"对乡贤理事会等乡贤组织参与乡村治理存在抵触心理，排斥乡贤组织的成立与运行，导致新乡贤群体难以在有限的活动空间和行动权限下发挥自身功能与作用，无法有效发挥乡贤组织参与村庄治理的积极作用，构成新乡贤"缺位"的治理局面。还有一种现象是，在新乡贤组织发展完善，特别是在宗族凝聚力较强的村庄，乡贤组织较之村"两委"具有更强的权威与话语权，容易出现乡贤组织"宗族化"的现象。新乡贤组织职能的扩张，容易导致村民对新乡贤的个人权威产生心理上的顺从，丧失自主性与话语权。

（四）农民群体存在"身""心"缺场现象

农民是乡村治理的主体，在乡村治理现代化进程中，重大事项的决议需要广大农民的有效参与，农民身体和精神的双重在场是其作为主体作用有效、高效发挥的前提。然而，由于乡村人口流失问题严

---

① 唐义、徐静：《推动社会力量参与公共文化服务的政策法规体系研究》，《图书馆理论与实践》2020年第2期。

② 彭宗峰、许江：《新乡贤治村的理解模式构建：反思与出路》，《北京社会科学》2023年第1期。

重，农民主体意识与主体能力不足等原因，农民群体存在"身""心"缺场现象，影响了农民主体效能的发挥。

一是乡村人口流失问题严重，部分农民无法参与乡村治理。农民群体的"身体在场"是农民参与乡村事务的基础。长期以来，在城乡二元结构惯性下，农村大量劳动力顺应城市的虹吸效应向城镇迁移，乡村"空心化"与"空巢化"倾向突出，乡村发展的内生力量日益缺乏，乡村治理因此陷入主体缺失的困境。据国家统计局数据显示，自2010年至2023年，乡村人口减少约1.97亿人，2023年末乡村人口占比为33.8%，全国城镇人口比重上升约16.4个百分点。[1] 可见，随着人民生活水平的提高，以城乡居民收入差距为标志的城乡差别开始缩小，但是乡村人才"流出性的衰败"并没有得到遏制，作为主体的农民在乡村治理中长期缺位。事实上，乡村治理现代化的长期性、复杂性和系统性决定了中青年农民主动参与和身体在场的必要性和重要性，但"身"不在场的社会现实，使这部分中青年农民无法参与到乡村治理实践中，削弱了其在村务管理和监督中的力量。同时，由于流出人口以青壮年为主，留守在乡村的多为老人、妇女和儿童，农村人口结构出现严重失衡。据第七次全国人口普查数据显示，乡村60岁及以上老人达到了23.81%，比城镇高7.99%。[2] 尽管农村"留守"群体可以弥补由中青年农民缺场带来的主体空白，但因其身体健康状况、能力素质及年龄等因素的制约，难以参与实质性的公共事务管理。因此，由于缺乏高素质农民的支撑，村庄治理呈现出"无人可选""无人愿干"的尴尬景象。

二是农民主体意识相对淡薄，部分农民无心参与乡村治理。由于受到中国封建传统文化的影响和传统小农思想的束缚，农民习惯于服

---

[1] 《中华人民共和国2023年国民经济和社会发展统计公报》，中国政府网，https://www.gov.cn/lianbo/bumen/202402/content_6934935.htm。

[2] 国务院第七次全国人口普查领导小组办公室编：《2020年第七次全国人口普查主要数据》，中国统计出版社2021年版，第105页。

从和依附，缺乏对自身主体地位的认知。一方面，受中国封建传统文化的影响，农民个体意识与主人翁意识缺乏。由于在历史和传统体制下所积淀的臣服型政治文化难以在短期内彻底消除，农民群体呈现出一定的"臣民"心态，依赖和顺从心理明显，无法以批判的眼光和独立的思维去理解和面对乡村治理中的诸多工作，对自身在乡村治理中应有的权利置若罔闻，甘愿从乡村治理现代化的主体沦为"局外人"和"旁观者"，农民主体作用式微。[①] 另一方面，受传统小农思想的束缚，农民能动意识和创造精神缺乏。长期以来，根植于小农经济的传统农耕文化始终影响着农民的生活和心理，并深刻地印在农民的思想和行为之中。农民群体很难摆脱小农内向性、保守性、依附性心理，对待和自己无关的事务抱着看客心理，不关心村庄集体事务及国家事务，满足于低水平状态下的"知足常乐""小富即安"，缺少接受现代民主观念的自觉性，缺乏对自身主体地位及主体权利的认知，过分倚重家族或村党组织等。这种小农意识弱化了农民参与乡村治理的热情，难以发挥自身的能动意识和创造精神严重影响了其主体效能的发挥。

三是农民主体素质普遍较低，部分农民无力参与乡村治理。从总体来看，我国农民的文化素质和职业素质普遍偏低，导致其参与乡村治理的能力不足。一方面，农民文化素质普遍较低，政策理解能力和政治参与能力较弱。长期以来，我国农村地区的多数农民受教育程度十分有限，无力承担乡村治理之责。据2023年《中国农村统计年鉴》相关数据显示，2022年农村居民家庭户主文化程度小学及未上过学占比31.4%，初中程度占比54.9%，高中及以上程度仅占13.7%。[②] 由此看出，农村居民的文化程度多集中于初中和小学。较低的文化素

[①] 宁鑫：《乡村治理现代化中的农民主体性研究》，博士学位论文，福建师范大学，2021年。

[②] 国家统计局农村社会经济调查司编：《中国农村统计年鉴》，中国统计出版社2023年版。

质直接导致农民理解能力、表达能力、决策能力和问责能力的不足。同时，较低的文化素质使得农民的民主法治观念较为淡薄，常常将自己的主体权利交给他人"代表"，致使乡村基层民主流于形式，村干部自治、村民自治"行政化"以及村党支部"悬浮化"等现象普遍存在。另一方面，农民职业素质较低，获取与驾驭现代生产要素的能力较低。据《2023 年全国高素质农民发展报告》显示，2022 年国家高素质农民培育计划共培养高素质农民 75.39 万人，其中大专及以上文化程度的占 21.95%，高素质农民队伍平均年龄为 45 岁，高素质农民获得国家职业资格证书的主要以初级技能为主。[1] 由此看出，当前我国高素质农民的学历结构、年龄结构以及职业技能与乡村治理现代化对人才需求的结构性矛盾较为突出。同时，由于农民职业认同感较低，农民职业教育存在"重培训、轻培育""重技术、轻经营"等问题，农民职业素养培育乏力，高素质农民队伍增长缓慢。[2] 多数农民获取和驾驭经营传统生产要素（土地、劳动）和现代生产要素（技术、资本）的能力较为缺乏，无法对接乡村治理现代化的需求，也无法释放自身的创造力。[3]

第三节　乡村治理现代化中农民主体作用发挥的路径选择

有效发挥农民主体作用可以加速推进乡村治理现代化的实践进程，乡村治理现代化的实现也有助于进一步发挥农民主体作用，两者

---

[1] 刘明国：《〈2023 年全国高素质农民发展报告〉发布词》，《农民科技培训》2023 年第 12 期。

[2] 彭超：《高素质农民培育政策的演变、效果与完善思路》，《理论探索》2021 年第 1 期。

[3] 吴春宝：《新时代乡村建设行动中的农民主体性功能及其实现》，《长白学刊》2022 年第 1 期。

相互协调、相互促进。基于乡村治理现代化中农民主体作用发挥的现实问题及影响因素,需要从优化乡村治理组织结构、推进乡村治理法治建设、改善乡村治理文化生态、推动农民群体"身""心"回归四个方面予以破解。

一 优化乡村治理组织结构以强化农民主体地位

乡村治理现代化过程中,农民是核心主体,发挥农民主体作用必须处理好农民与不同农村组织之间的关系。乡村治理现代化中农民主体作用的发挥需要改变"政府主体、农民客体"的工作局面。优化乡村治理组织结构,需要通过提升基层党组织群众组织力,增强基层党组织组织和动员农民群众的力量,发挥农民群体的力量和智慧;优化村民自治组织效能,让村民委员会真正成为农民主体的"代言人";强化农村集体经济组织的职能,落实和保障农民的财产权,有效提高农民组织化程度。

(一)提升基层党组织群众组织力

广大农民群众是乡村治理现代化的主体,有效动员与组织农民群众形成强大合力是发挥乡村治理现代化中农民主体作用的关键。2025年中央一号文件指出,要加强农村基层党组织建设,深入推进抓党建促乡村振兴,坚持以党建引领基层治理,提高基层党组织领导能力。[①]要不断强化农村基层党组织为农民群众服务的能力、带领农民致富的能力以及宣传动员农民的能力,增强农民对基层党组织的信任感和认同感,将农民群众组织起来,发挥农民群众在乡村治理中的主体作用。

第一,提升农村基层党组织服务农民群众的能力。首先,强化基层党员干部为农民群众服务的意识。农村基层党组织要不断创新形式

---

① 《中共中央国务院关于进一步深化农村改革 扎实推进乡村全面振兴的意见》,中国政府网,https://www.gov.cn/zhengce/202502/content_7005158.htm。

和方法，对党员干部开展经常性的日常思想政治教育，不断强化党员干部"为广大农民谋幸福"的使命意识和宗旨意识，深刻把握和领会乡村治理现代化的发展方向和实践要求，使广大农村基层党组织始终在乡村治理的实践中保持统一思想、强大能力和协调行动。其次，丰富农村基层党组织服务的内容。农村基层党组织要结合新时代广大农民群众需求的变化和乡村治理现代化的具体要求，体察农民在农村生产生活方面存在的各类问题，全面提升农村基层党组织的服务能力和服务质量，有针对性地满足农民群众多样化的民生需求。最后，创新农村基层党组织服务的方式。要充分利用农村各类议事机构开展多层次协商，在乡村公共事务的管理和决策中给予农民充足的话语权，倾听广大农民群众的声音，不断增强基层党组织的民众认同力、组织动员力和政策感召力，引导更多的农民群众自觉参与乡村治理实践。此外，充分利用大数据、互联网、"云计算"等技术和方式设立听取、反馈村民意见和建议的渠道，快速感知农民的需求和效果反馈，保障村民获得公共服务的知情权和监督权，实现基层党组织的服务下沉。

第二，增强农村基层党组织引领农民致富的能力。乡村治理现代化要求广大农村实施规模农业，发展多元产业，农村基层党组织要根据当地的实际产业状况探索适合本地经济发展模式，将党建渗入新型农业生产方式和经营方式，积极发展新兴农业主体，发展合作社组织农民，盘活农村集体经济，让农民群众获得实实在在的收益，以此增强村民的"主人翁"意识，有效夯实乡村治理的社会基础。此外，要完善基层党员干部选拔、任用机制，优化党员干部队伍结构，尽快把政治素质高、群众基础好、工作本领强的农民群众吸纳到党组织中来，推动村支部书记做好富民强村的"领头雁"，以实际致富案例和行动，让农民群众从"袖手看"转向"动手干"，走共同富裕之路。

第三，强化农村基层党组织通过网络媒体等宣传动员农民的能力。在网络信息化和经济发展多元化时代，农村基层党组织必须善于利用网络媒体等技术开展组织动员工作，提升基层党组织的网络话语水平。一方面，要拓宽网络宣传途径。在价值观相对多元的情况下，农村基层党组织要通过"三微一端"等新兴媒体，积极宣传党的方针政策和党在农村的工作及成效，拉近基层党员干部和群众之间的距离，增进广大农民群众对乡村治理现代化的政治认同和思想认同。另一方面，要加强网络舆论引导。面对网络空间中纷繁复杂的观点和信息，基层党员干部要端正网络空间舆论导向，以通俗易懂且喜闻乐见的方式开展舆论宣传工作，让党的政治路线、方针政策扎根于群众心中，增强党组织的群众基础，更好地动员和组织群众参与乡村治理。

（二）优化村民自治组织效能

村民委员会是由村民选举产生的基层群众自治组织，是农民行使当家作主权利的重要组织载体。长期以来，村委会"附属行政化"倾向和村"两委"间的"内耗"消解了村委会的自治功能，农民难以自觉、自主参与到乡村治理实践之中，影响了村民自治组织效能的发挥。乡村治理现代化进程要发挥农民的主体作用，就要使代表农民利益的村民自治组织成为广大农民的"当家人"，划清乡村事权边界，理清村"两委"职能，处理好乡镇政府、村党组织与村委会之间的关系，为农民主体作用的发挥创造空间。

第一，划清乡村事权边界，处理好乡镇政府与村委会之间的关系。实现村民自治组织职能的回归，要理清乡镇政府"行政权"与村委会"自治权"的边界，给予乡村更大的自治空间，走出政府干预过多的误区。一方面，根据国家相关法律法规梳理村委会在矛盾纠纷调解、公益事业办理、协商民主落实等方面的自治事项以及需要村委会协助乡镇政府处理的事项，制定村委会自治事项清单和协助事项清单，明确村委会的具体职责，减轻村委会不必要的行政负担，使其将更多的精力和资源投放在组织基层群众参与活动，夯实乡村自治组织的自治本位。另一方面，针对无明确法律规定和上级政策依据的任务，可采取有偿付费、共同协商等方式授权村委会代理。对于需要二者协作完成的工作，应通过村民会议、村民代表大会等组织形式积极征求村民意见,加强与村民的沟通和协商,在充分尊重广大村民意见的前提下,对乡村两级的工作任务进行合理配置,乡镇政府不得以行政命令的方式给村委会强制安排工作。

第二,厘清村"两委"职能,处理好村党组织与村委会之间的关系。长期以来,由于职责划分不清,村"两委"关系不协调现象普遍存在,限制了村民自治的实现空间,阻碍了农民主体作用的发挥。在乡村治理现代化背景下,减少村党组织和村委会的"内耗",关键是要明确二者的职能范围和行使方式,调试和规范村"两委"的"党政"关系。一方面,要突出村党组织的政治领导、宏观把控功能,将村党组织的工作重点聚焦到村级民主、村级党建、重大项目等工作上,减少对村庄微观公共事务的直接干预。同时,积极发挥村委会自治功能,将村庄公共事务更多地交由村民民主管理,有序扩大农民有效政治参与、民主决策及民主管理的范围,鼓励农民以多种形式参与民主监督,真正实现村民自治。另一方面,积极推行村"两委""一肩挑"治理模式。村"两委"班子交叉任职是实现村级组织精简提效、解决村"两委"之间矛盾摩擦的制度创新。"一肩挑"避免了因职务不同所引起的冲突和矛盾,促进村"两委"相互了解,从而形成合理有效的分工,实现村民自治机制的有效运行。

(三)强化农村集体经济组织职能

农村集体经济是乡村治理最可靠、最坚实的物质基础,也是村民自治得以有效实现的重要内部资源载体。[1] 党的二十大报告指出要"巩固和完善农村基本经营制度,发展新型农村集体经济,发展新型农业经营主体和社会化服务,发展农业适度规模经营"。[2] 强化农村集

---

[1] 韦少雄:《新时代村民自治的有效实现形式:探索、论争与展望》,《西南民族大学学报》(人文社会科学版)2022年第11期。

[2] 习近平:《高举中国特色社会主义伟大旗帜 为全面建设社会主义现代化国家而团结奋斗——在中国共产党第二十次全国代表大会上的报告》,人民出版社2022年版,第31页。

体经济组织职能，能够提高集体收益，增进农民福祉，有效提高农民组织化程度，凝聚农民群众形成巨大合力，调动和发挥乡村治理中的农民主体作用。

第一，规范农村集体经济组织内部管理，确保集体经济组织独立地位。当前许多地区的农村集体经济组织实际上由村民委员会及村民小组管控，各方主体间职能不能有效区分，使农村集体经济组织治理结构形同虚设，并逐渐附属于村民委员会。[①] 为此应进一步规范农村集体经济组织的内部管理，明晰农村集体经济组织机构及职能。一方面，开展农村集体资产清产核资，解决农村集体产权不明和所有权主体虚置问题。农村地区要对农村生产要素及民俗文化等特色资源和无形资产进行清产核资和评估，并加快确权确股，将农村集体资产的所有权确权到不同层级的农村集体经济组织成员中，赋予农民对集体资产股份占有、收益、有偿退出等权利，使农民能够了解自身权益及收益分配规则，让农民回归到乡村治理尤其是对村集体资产的治理的主体地位上。另一方面，确保农村集体经济组织独立产权主体地位以及对外经营决策的自主性，使农村集体经济组织不受行政机关、基层自治组织的干预。[②] 农村集体经济组织应代表农民集体从事各种经营活动，管理好集体经济组织所有的资源资产，发挥其在集体资产管理、集体资源开发等方面的专业优势，实现集体资产保值增值，为组织成员提供生产、技术、信息等服务。为保障农民成员的所有权，让农民集体真正成为农民自己说了算的集体经济组织，要发挥集体经济组织中普通成员对集体经济组织重大事务的民主管理和监督作用，对集体资产的流转与使用要经过组织成员集体商议，确保农民的知情权、参

[①] 张崇胜、万国华：《农村集体经济组织治理：问题分析与制度完善》，《农业经济与管理》2021年第4期。

[②] 杜艳：《乡村振兴背景下新型农村集体经济组织职能定位与制度构建》，《农业经济》2024年第4期。

与权、决策权和监督权,避免集体利益被少数人或外部资本控制侵占。

第二,发展多种形式新型农村集体经济,增加农民集体收益。新型农村集体经济可以更好地发挥"统"的功能,帮助分散经营的农民顺利进入市场,增强抵御市场风险的能力,更好地增进农民利益。一方面,农村集体经济组织要结合自身资源禀赋和发展优势,因地制宜地确定适合本地区的产业发展和集体经济经营模式。新型农村集体经济组织作为集体经济的组织者、农村资源的所有者和经济建设的参与者,应发挥出比其他农村组织更为突出的资源挖掘优势、活动组织优势和规模发展优势,积极探索资源发包、物业出租、居家服务、农旅融合、联企开发、资产参股等多元化的集体经济发展模式,实现各类生产要素的合理配置。[①] 另一方面,积极构建村级集体经济联动发展机制,实现不同新型集体经济组织间的联合发展。积极实施产业联动工程,聚拢联建乡村资源,让地域相邻、产业相近的村集体共建产业链条、共享发展要素、共享资产增值收益,促进不同地区的资源共享和优势互补,形成更加完整的产业链条和更加密集的产业集群,实现村集体利益共享和风险共担。多种形式的新型农村集体经济可以有效盘活集体资产资源、创造更多的就业机会、实现对低收入群体的帮扶带动。农民以多种方式入股集体经济组织,使农村集体与农民个体的利益联结更加紧密,增强农民的合作精神,也将进一步激发农民的能动性、自主性和创造性,激活农民群众的内生动力。

二 推进乡村治理法治建设以维护农民主体权益

乡村治理现代化中农民主体作用的发挥需要维护农民主体权益,保障农民当家做主权利的落实。推动乡村治理法治建设,需要进一步

[①] 李忠鹏、王伟:《基层党组织领导新型农村集体经济发展的生成逻辑、作用机制与优化路径》,《农村经济》2024年第4期。

第三章　乡村治理现代化中农民主体作用研究

完善乡村"微腐败"监督与惩治机制，保障乡村基层公共权力的规范化运行、健全乡村矛盾纠纷化解机制，满足农民群众对权益保障、加强乡村公共法律服务供给，培育农民的法治意识和法治能力。

（一）完善乡村"微腐败"监督与惩治机制

基层公共权力与广大农民群众的切身利益密切相关，要从根本上治理乡村基层"微腐败"现象，必须完善乡村"微腐败"监督与惩治机制，加大基层小微权力腐败惩治力度，重塑乡村良好的村级权力生态，保障乡村公共权力的规范化运行，维护好农民群众的利益。

第一，健全乡村"微腐败"监督机制。建立市县纪委监督、镇纪委监督、村社廉洁工作站监督、群众监督的四级监督体系，规范村级小微权利的运行。首先，市县纪委监委派驻纪检监察组、监督检查室紧盯所联系县、乡、村涉农小微权力运行开展监督，加大专项检查和党风廉政工作巡查力度。其次，充分发挥乡镇纪委监督作用，实行乡镇纪委班子包村工作制度，督促班子成员定期深入基层一线，不定期参与村务公开、"三资"管理、工程建设项目等会议及活动，听取村级干部工作汇报，了解工作进展情况，受理并解决群众意见和问题。[①]再次，建立村社廉洁工作站，组建由乡镇廉洁监督员、村务监督委员会委员、群众代表等组成的联动监督队伍，对乡村小微权力开展近距离、常态化监督。最后，不断健全群众监督机制。建设村务信息网络平台，建立"村民微信群""村民公众号"等，让农民群众通过互联网平台随时随地查询和了解村集体"三资"运作情况和集体项目进展情况，增强基层权力运作的透明度。同时，要构建村、乡、县三级信访举报制度，畅通线上线下群众监督多种路径，充分保障农民群众对村务的知情权和参与权。

第二，完善乡村"微腐败"惩治机制。党纪是"红线"，国法是

[①] 贺洪波、孙小媚：《村干部职务违法犯罪的实践考察与治理路径》，《重庆行政》2022年第1期。

"底线"。惩治乡村"微腐败"现象应该重视党纪与国法衔接，将司法反腐的核心力量和党内治理工具的廉政效能有机结合，充分发挥两者的整合功能与协同效应，对村干部形成"不敢腐"的"纪法震慑"。针对乡村"微腐败"案件，应遵循"纪挺法前"的原则，纪检监察机关应首先对腐败干部进行纪律审查，做出政务处分，再交由司法机关依法追究刑事责任，形成纪法合力。对于村干部严重违纪或涉嫌职务违法的行为，纪检监察机关在进行案例通报时应对事实认定和规范适用进行充分说明，使党纪处分和政务处分更加规范，增强对党员干部的警示教育作用。[①] 此外，发挥新闻媒体的舆论震慑作用，利用网络官方平台有针对性地公开乡村治理中村干部的腐败行为，将查办的村干部案件进行多层次通报，加大对村干部的警示教育力度，产生自上而下的监督权威，形成持久的反腐高压态势。

（二）健全乡村矛盾纠纷化解机制

有效化解乡村矛盾纠纷有利于满足农民群众对权益保障、公平正义的法治需求。面对乡村治理矛盾纠纷类型多元化、纠纷主体扩大化的复杂图景，要进一步完善人民调解、行政调解、司法调解联动工作体系，重视信访机制在乡村矛盾纠纷处置工作中的作用，保障农民群众的利益诉求，将群众矛盾化解在基层，问题解决在基层，促进农民主体作用的发挥。

第一，完善人民调解、行政调解、司法调解联动工作机制。首先，发挥人民调解的基础作用。人民调解在多元矛盾化解机制中具有基础性作用。人民调解员要综合运用相关法律法规、村规民约、传统习俗等，凭借情感感染力、舆论影响力和道德约束力，做出矛盾纠纷双方都可以接受的调解结果。因此，要不断优化乡村矛盾纠纷化解工作队伍的选拔和聘任，有序推进乡村宗庙理事、属地贤人等加入乡村矛盾纠纷调解队伍，增强人民调解的民间权威，并定期对人民调解队

---

① 邹东升、姚靖：《新时代微腐败治理的纪法衔接》，《理论探讨》2019年第1期。

第三章　乡村治理现代化中农民主体作用研究

伍进行法律政策、专业知识、调解程序和调解技能等方面的培训，不断推进人民调解工作的专业化、标准化、法治化进程。其次，重视行政调解的主导作用。对人民调解难以解决或矛盾纠纷利益冲突较为激烈的案件，可采取基层行政调解，以权力属性来强化调解的权威。地方各党政机关要高度重视行政调解工作，明确不同类型案件申请、受理、调解工作流程，完善行政裁决、行政复议、行政仲裁等机制，及时向村民公开执行程序，确保行政调解合法、高效。① 最后，重视司法调解的保障作用。基层法院要对非诉讼纠纷解决方式提供支持和保障，设立调解窗口，引导村民通过调解解决纠纷，减少诉讼案件的数量。对重大矛盾纠纷，基层法院也要及时介入，有效参与，为村民提供法律援助等支持。② 另外，要加强人民法院和人民法庭对人民调解员的业务指导与专业建议，增强人民调解员的专业知识，提升调解能力，使乡村矛盾纠纷多元化解机制更加协调。

第二，重视信访机制在乡村矛盾纠纷处置工作中的作用。信访是我国反映群众诉求，解决群体性纠纷的特殊解决方式，将信访工作纳入县、乡、村三级社会矛盾纠纷多元预防调处化解机制，是将基层矛盾解决在萌芽状态的重要途径。首先，建立县级社会矛盾纠纷预防调处化解中心。县级部门应在党委和政府的组织下，派遣纪委监委、法院、检察院、信访局等机构人员常驻在乡村基层，成立信访工作组，负责矛盾纠纷排查交办、调处化解、督办考察等工作；开辟村民上访和干部接访的衔接通道，针对农民群众反映的信访事项，按照精准分类、科学交办的原则，及时与相关部门进行联合接访，力争即时即办，将矛盾纠纷化解于萌芽状态。其次，建立乡镇社会矛盾纠纷预防调处化解中心，将信访工作重心下移到村庄，加强与农民群众的沟

---

① 刘孝才：《乡村社会矛盾纠纷化解三题》，《三晋基层治理》2022 年第 3 期。
② 窦祥铭：《加快构建乡村矛盾纠纷多元化解机制的路径思考》，《农村实用技术》2022 年第 11 期。

通，了解农民群众的需求，防范矛盾纠纷的激化和升级，将矛盾纠纷化解在乡村基层。最后，落实强化村级社会矛盾纠纷预防调处化解中心。以村"两委"干部、人民调解委员会、乡村"五老"等为主体，充分发挥人民调解机制的主渠道作用，真正做到"问题不上交、群众不上访"，防止矛盾纠纷外溢。此外，县镇政府、信访部门、检察院以及法院等相关部门还应充分利用信访局阳光信访平台、网信办网络舆情平台、网上问政平台等资源建立线上信访工作组与县、乡、村三级线下信访工作组形成合力，建立矛盾纠纷清单，增强矛盾纠纷解决的全面性与时效性。

（三）加强乡村公共法律服务供给

乡村公共法律服务对于培育农民法律意识、增强其维护自身合法权利的能力具有重要作用。公共法律服务助推乡村治理现代化的实现，需要以公共法律服务在乡村社会的"有效嵌入"为基点，通过健全乡村公共法律服务资源配置、加大乡村公共法律服务宣传力度，实现公共法律服务在空间布局上的结构性嵌入和价值观念上的认知性嵌入，有效发挥其规范乡村秩序与引领乡村价值的应然性功能。

第一，健全乡村公共法律服务资源配置，实现公共法律服务的结构性嵌入。一方面，完善乡村公共法律服务平台建设，提升乡村公共法律服务的便捷性和可及性。就实体平台而言，着力推进县、乡、村三级公共法律服务平台建设，探索建立集法律咨询、人民调解、法律宣传、综合服务等职能的农村一站式法律服务平台，整合司法所、律师事务所、司法机关等相关部门的公共服务功能，为农民群众提供便捷高效的"一站式、窗口化、综合性"公共法律服务，通过前台统一进行受理，后台进行分流和转办的方式，对接农民不同层次的法律需求。就网络平台而言，可在县、乡、村三级公共法律服务实体平台设置智能法律服务终端机。农民群众可以通过语音、视频等多种咨询方式与专业法律服务人员对话，自行选择法律智能咨询、法律文书模板下载、法律法规查询等法律服务，在线预约申请办理咨询、调解、鉴定等相关服务，开发"乡村公共法律服务"微信小程序，畅通为民服务渠道，实现法律咨询、法律服务办理"掌上办"，切实打通服务群众的"最后一公里"，降低群众用法成本。另一方面，优化乡村公共法律服务队伍建设，提升乡村公共法律服务的专业性和针对性。首先，加强对法律服务相对匮乏乡村的政策扶持和支援，可利用挂职锻炼、交流培训、法律帮扶服务、法律志愿服务等形式，促进高校法律专业学生、律师事务所法律服务人员、政府普法工作人员等法律服务工作者在乡村地区的流动。其次，积极推进"一村一法律顾问"制度，保障村委会在法治轨道上开展工作，鼓励驻村顾问为村民提供法律咨询服务、帮助农民申请法律援助等服务。最后，发掘和培育乡村公共法律服务的内生力量。将乡村中的退休法官、司法行政人员、赤脚律师、乡贤等群体纳入乡村公共法律服务内生力量中，培养其成为"法律明白人"，发挥其高威望、明乡情、善调解的优势，助推公共法律服务在乡土社会的长远可持续发展。

第二，加大乡村公共法律服务宣传力度，实现公共法律服务的认知性嵌入。实现乡村公共法律服务的结构性嵌入是从外部为农民主体作用的发挥提供的法治保障，让农民个人有意识有能力获得法律服务供给方提供的服务。首先，发挥多元公共法律服务主体的宣传作用。落实"谁执法谁普法"的普法责任制，鼓励高校教职工、优秀学生、律师事务所的法律服务人员、村内法律顾问、政府的普法工作人员等主体在乡村开展"法官面对面""法律援助在身边""律师为你解惑"等宣讲活动，增强农民群众的法治意识，培养其维权能力，形成文明法治乡风。其次，发挥现代媒体宣传矩阵作用。依托电视台、电台、微信、抖音等平台，加强对中国法律服务网、"12348"咨询热线、公共法律服务工作清单、公共法律服务成功案例等内容的宣传，拓宽农民获取公共法律信息的渠道，提高农民群众对公共法律服务的知晓率、首选率。最后，发挥乡土资源的儒化作用。深化对乡村现有法治文化阵地的升级改造，基本实现"一村一法治文化阵地"。利用法治文化阵地开展乡村法治宣传教育活动,营造乡村法治氛围,促进村民自觉学法、知法、守法。组建乡贤普法宣传队伍,发挥本土乡贤优势,广泛开展基层普法宣传、使得公共法律服务以柔性力量融入乡村,引导带动村民尊法、守法。

三 改善乡村治理文化生态以培育农民公共精神

农民主体作用的发挥需要塑造起农民群众共同的价值追求,以积极健康的主人翁意识参与到乡村共同体的发展之中。乡村治理文化生态是乡村价值观念和伦理规范的综合反映,发挥乡村公共文化核心价值引领功能,应当推进乡村村规民约现代转型、双向赋能乡村公共文化服务供给、充分发挥乡贤文化正向功能,培育农民群众的公共精神,共同参与乡村治理。

(一) 推进乡村村规民约现代转型

村规民约根植于中国传统乡土文化,承载着广泛的村民意志,承担着建立精神共同体的责任。[①] 推进村规民约的现代化转型,可以为农民群体塑造良好的乡村社会伦理价值观和行为道德规范,使之更加契合乡村治理现代化的需要。针对现代村规民约效力式微问题,应当着重提升其制定的规范性、增强其内容的实用性,实现农民公共精神的价值生产。

第一,强化现代村规民约制定的规范性,重振村规民约的治理权威。增强村规民约的效力必须建立一套规范性的操作机制,做到制定主体及制定程序的规范化。一方面,规范村规民约的制定主体。随着普及化、成文化的推进,现代村规民约的制定主体和参与主体更为多元,但需要明确的是,现代村规民约的合法制定主体是村民组成的村民会议,其他主体应注重扮演好参与者与协商者的角色,不应包办代替,任意进入村民自治的空间。另一方面,规范村规民约的制定程

[①] 陈成文:《论村规民约与新时代基层社会治理》,《贵州社会科学》2021年第8期。

第三章 乡村治理现代化中农民主体作用研究

序,增强村民的认同感。一般而言,村规民约的制定程序需要经由征集民意、起草、审议、表决、备案等多个环节。即村党组织、村委会首先需要广泛征求村庄亟待解决的问题和村民的真实诉求,组织农民群众广泛协商拟定村规民约草案。其次,村"两委"应在广泛听取各参与主体的意见建议后,予以修改完善,报由乡镇党委、政府审核把关,进一步修改形成审议稿。再次,针对审议稿应提交给村民会议进行审议讨论修订完善并进行民意表决。最后,将制定完成的村规民约报乡镇党委备案审核,予以公布。

第二,增强现代村规民约内容的实用性,重塑村规民约的持久生命力。现代村规民约的良好运行,需要保证其内容的实用性和可操作性,切实回答和解决农民群众的多元化需求,提升村规民约的践行能力。首先,各地各村制定或修订村规民约要做到坚持价值引领,将现代政治文明中的民主自由理念、社会主义核心价值观融入村规民约的基本内容。[①] 其次,应增强村规民约结构框架的逻辑性和条理性,采用多种表现形式。在内容上应克服雷同,应在契合村庄自然状况、风俗习惯、历史文化等因素的基础上,涵盖规范村民日常行为、维护乡村公共秩序、调解群众纠纷和引导民风民俗等内容。[②] 最后,要进一步提升村规民约内容条款的合理性和实施手段的规范性,合理配置村规民约内含的奖惩措施。惩戒措施的设定必须严格遵守民主程序,应当依循大体相当、适当惩罚、与本村村民平均收入水平及村民普遍可接受性相适应的原则。[③] 对村民的惩戒应优先考虑声誉性或行为性惩戒措施,如批评教育、警告、责令改正等,财产性惩戒措施应以损失补偿原则为主,即在合理范围内作价赔偿。针对符合村规民约导向和

[①] 陈荣卓、李梦兰、马豪豪:《国家治理视角下的村规民约:现代转型与发展进路——基于"2019 年全国优秀村规民约"的案例分析》,《中国农村观察》2021 年第 5 期。

[②] 孙梦、江保国:《断裂与更替:普及时期村规民约的法治化》,《兰州学刊》2022 年第 1 期。

[③] 唐鸣、朱军:《关于村规民约的几个问题》,《江汉论坛》2019 年第 7 期。

要求的行为要给予正面肯定，赋予实践主体一定的精神奖励或物质奖励。

（二）优化乡村公共文化服务供给

实现乡村公共文化服务高质量供给对促进农民群众文化意识觉醒、提升乡村精神文明建设水平等方面发挥着重要作用。针对乡村公共服务供给的价值旨向偏离及行政色彩严重的现象，应有机结合乡村公共文化服务供给中政府的主导性与农民的主体性，双向赋能乡村公共文化服务供给，实现乡村公共服务供需平衡。

第一，重塑政府公共文化服务职能，发挥政府"自上而下"的主导性。农村不仅是农民生产生活的集合地，同时也是乡村公共文化生产、消费的集合地。生活在农村社区的农民不仅有生产生活的物质需要，同时也有生产和消费文化的精神需要。针对乡村公共文化服务供给薄弱问题，要进一步发挥政府"自上而下"的主导性。首先，加大"供血"量，提高乡村公共文化服务财政投入。各级政府要统筹兼顾硬件设备和软件建设，不断改善乡村公共文化服务配套设施质量，加强农村地区文化专业人才的引进力度，保障乡村地区农家书屋、乡镇文化站、综合性农村文化活动中心等公共文化服务机构的高质量文化服务和产品供给。[①] 同时，针对不同农村地区农村居民多样化、多层次的公共文化需求，应制定具体而科学的供给政策，改善乡村公共文化服务财政支出结构，合理配置公共文化服务经费，将我国的文化惠民政策落到实处。其次，要拓宽"输血"渠道，建立多元主体高效联动供给模式。政府是农村公共文化服务供给的主导力量，应发挥重要供给主体的战略导向作用，为乡村地区开展乡村公共服务提供政策支持和基本财政保障。同时，政府也可以通过政策引导、制度规范、分配调节等途径，调动国家公共资源并引导社会资本、公益力量参与农

---

① 尚子娟、陈怀平：《农村公共文化服务与乡村振兴双向赋能的价值逻辑和推进路径》，《中州学刊》2022年第11期。

村公共文化活动、文化项目、文化设施的投资与捐赠,建立多元主体高效联动供给模式,改变政府单一供给模式。最后,加大公共数字文化供给力度。利用互联网信息技术整合乡村各类文化资源,打造乡村公共文化服务云端数据库,借助数字化电子屏、微信公众号、短视频等平台,提升公共文化服务智能化水平,促进农村公共服务供给的便捷化、智慧化。

第二,引导农民参与乡村公共文化建设,发挥农民"自下而上"的主体性。农民的参与是乡村公共文化服务产生效果的基本条件,同时乡村公共文化服务能否对农民产生效果,农民是最重要的衡量指标。乡村公共文化服务供给需要建立在供给与需求高效互动的基础上,发挥农民"自下而上"的主体性。首先,拓宽农民公共文化服务需求表达渠道。政府门户可以开发相应板块为村民提供与文化主管部门平等对话的平台。通过该平台,村民可以及时反馈自身的文化需求并对当前所提供的公共文化服务或产品进行评价,政府也可以实时掌握农民文化需求动态,精准了解农民的文化需求,及时调整文化服务及产品的供给安排,实现文化供给与农民群众需求的精准对接,增强农民的参与感。其次,打造乡村公共文化服务乡村特色阵地。充分挖掘各地区乡土文化特色,开发和利用地方特色文化资源,大力发展乡村文化产业,加强农村地区"一村一品"建设,打造个性鲜明、丰富多样的公共文化服务产品与服务,实现公共文化服务与地方特色深度融合,赋予农村公共文化服务的"乡土性"。最后,鼓励农民创建内生型文化组织,如老年人文化协会、妇女文化协会等综合性的文化协会或戏曲队、足球队等单一性文化组织,激发农民群众自身的文化热情,吸引更多的农民参与其中,回应农民多元化的文化诉求。

(三) 充分发挥乡贤文化正向功能

乡贤文化是有效衔接乡土情怀与现代乡村发展的重要精神纽带。依托乡贤及乡贤组织重建乡村传统文化、组织集体活动有利于重构乡村价值观念,培育农民群众的公共精神,增强村民的情感归属感和乡村认同感。发挥乡贤文化的正向功能,需要深入挖掘穿线乡贤文化资源、培育和发展新时代乡贤群体、健全新乡贤组织制度体系,有效发挥乡贤文化对农民的价值引领作用。

第一,挖掘和传承乡贤文化,赋予乡贤文化新的时代内涵。一方面,要注重对历史文化遗产的发掘整理,收集和开发古代和当代的乡贤资源文化,发掘乡贤人物的典型事迹和背后的故事传说。[1] 通过设立乡贤榜、乡贤廊,向农民群众展示和呈现本土乡贤文化资源,通过多种艺术表现形式宣传乡贤事迹,提升乡贤文化的影响力、感召力和渗透力,增强农民群众的自豪感和认同感,为凝聚农民力量提供原生情感动力。另一方面,要注重传承和创新乡贤文化,在充分吸收乡规民约、优秀家风家训、功德道义等传统乡贤文化崇德向善的精髓的同时,也要融入现代政治文明中的民主自由理念,实现乡贤文化崇德向善的价值追求与社会主义核心价值观的内在统一。

第二,培育和发展新时代乡贤群体,发挥新乡贤的示范带动作用。传承与重构新乡贤文化需要以乡贤群体为主体力量,发挥其示范带动作用。一方面,要完善新乡贤回流机制,通过人才补贴、减免税收等政策优惠吸引乡贤回流,根据不同乡村地区的产业结构、乡贤构成等现实情况的差异性,为新乡贤提供项目投资、创业生活、金融信贷、服务代办等集成服务,解决新乡贤的后顾之忧,提高乡贤群体的积极性和创造性。另一方面,要拓宽新乡贤发展平台和项目载体,倡导新乡贤带头组建各类社会组织,鼓励农民群众加入并服务当地社会,充分发挥新乡贤便民、利民的作用,同时唤醒农民对乡贤文化的理性认同;[2] 丰富新乡贤文化服务渠道、搭建新乡贤引领乡风民俗的平台,弘扬新乡贤"以德育人"和"以文化人"的精神文化,强化

---

[1] 白现军:《乡村振兴战略下的乡贤文化传承与创新》,《北京社会科学》2021年第12期。

[2] 刘传俊、姚科艳:《乡村振兴背景下乡贤文化的时代价值与建设路径》,《华中农业大学学报》(社会科学版)2019年第6期。

乡贤群体与农民群众之间的联系，调动村民参与乡村治理的热情，充分发挥乡贤文化对农民群众的价值凝聚作用。

第三，健全新乡贤组织制度体系，构建人员结构合理的新乡贤组织。新乡贤组织是新乡贤群体开展活动的基本渠道与平台，实现新乡贤组织的良好运转，一方面，要完善新乡贤组织遴选制度，规范程序界定认证新乡贤的标准。地方政府和村"两委"应制定明确的遴选标准和遴选流程，通过民意调查和民意研讨，选出一批德才兼备、集体认可的新乡贤群体成立新乡贤组织。在新乡贤组织的人员构成上，应平衡官、文、德、富等多类型新乡贤比例，在充分吸纳富政乡贤的基础上强化对文德人士的培育和引进，合理分配好文德乡贤的名额。另一方面，要建立新乡贤激励约束机制，保证新乡贤队伍的高质性和纯洁性。对于先进的新乡贤个体，应以多元化的激励机制予以肯定，深化农民群众对新乡贤群体的价值认同，增强新乡贤的荣誉感、获得感和成就感，推动其内在力量的良性发育。此外，要制定有效的监督机制和工作运行机制来约束新乡贤的行为偏差和越权行为。如通过监察委员会、村民监察小组等组织开展对新乡贤群体的外部监督，同时定期开展新乡贤组织内部自查，针对难以获得村民认可、品行低下，甚至存在违法违纪的新乡贤应给予惩处或清退，树立乡贤在人民群众心中的威信。

四　推动农民群体"身""心"回归以提升农民主体效能

乡村治理现代化中农民主体作用的发挥需要释放农民群体强大的主体效能，而农民群体的"身""心"在场是释放农民主体效能的基础。推动农民群体"身""心"回归需要健全流动农民参与机制，实现农民主体物理空间和数字空间的在场，提升农村参与质量；开展农民思想政治教育，培育农民主体意识；加强农民科学文化教育，增强农民主体参与能力。

(一) 健全流动农民参与机制以实现农民主体在场

农民主体在场是乡村治理现代化中农民主体作用发挥的前提条件。长期以来，城乡二元结构使得乡村居民难以与城市居民平等享受现代化的发展成果，弱化了农民群众对乡村价值以及自身主体身份的认同，造成乡村人口大量外流。推动乡村流动人口的回归，需要从物理空间的"人口回流"和数字空间的"参与回流"两个角度构建起流动农民的参与机制，以此缓解农民主体缺场的现实困境。

第一，创新城乡人口双向流动机制，推动乡村流动人口从城市到乡村的"人口回流"，实现物理空间的在场。一方面，创新乡村人才引进办法，推动返乡人才、下乡人才和城乡双向人才"引进来"，增加乡村治理综合人才和专业人才的队伍储备。针对人才返乡发展，要充分利用返乡人才的桑梓情怀，鼓励外出企业家、农村户籍大学生、退役军人、农民工以及退休老人等通过创业投资、当选大学生村官、组建社团等方式服务乡土，为家乡的发展贡献力量；针对人才下乡发展，可以通过搭建乡村发展平台，如拓宽乡镇事业单位、基层党组织人才、村"两委"干部引进渠道，招商引资吸引更多有发展前景的企业和项目注入乡村，因地制宜地培育发展具有地方特色的乡村产业，为下乡人才提供就业机会或施展才华的平台，使各类人才能够充分发挥各自的优势，吸引更多的综合性人才和技术性人才返乡就业；针对城乡双向人才发展，要持续推进驻村干部、选调大学生村官等制度，实施"三支一扶"计划、特岗教师、毕业生基层成长计划等，为乡村输入"城乡两栖"人才，使其在城乡之间双向兼顾、双向发展。另一方面，完善乡村人才发展扶持措施，确保返乡人才、下乡人才、城乡双向人才能够"留得住"，增加乡村治理综合人才和专业人才的后续动力。针对返乡创业人才要在金融信贷、申报立项等方面要给予创业优待和资金扶持；针对扎根基层的毕业生、驻村干部等要在转正定级、职称评聘、津贴补贴等方面给予适当的政策倾斜；针对长期扎根乡村从事规模生产的农民、技术能手、手工艺者等各类乡村人才实施

第三章　乡村治理现代化中农民主体作用研究　▶▶▶

职称评审，放宽评定专业技术职务的结构比例和岗位数额限制，发挥职称的持续激励作用。

第二，建立乡村流动人口数字化参与机制，实现乡村流动人口在身体缺场情境下的"数字化参与"，实现数字空间的在场。乡村流动人口是乡村治理的合法主体之一，相对于非流动人口而言，乡村流动人口的视野更加宽广、携带的资源更加丰富、参与意识和参与能力更高，他们的参与可以有效缓解村庄中农民参与的同质化倾向。依托互联网技术搭建乡村流动人口的参与平台，是实现乡村流动人口数字空间在场，保障农村流动人口治理权的重要途径。村"两委"可以依托"微信群""钉钉群"等载体建立村民数字化参与平台，将乡村治理中的诸多事务以不同板块、功能形式放置在平台中，构建以远程协商为基础的参与程序和配套制度，实现村级事务信息发布、村级事务协商治理、村级事务决策执行、村级事务监督反馈线上进行。[①] 通过数字化平台对乡村事务信息的实时共享，乡村流动人口可以充分了解村庄事务的既有信息，形成对乡村公共事务的观点，实现在身体缺场情境下参与乡村治理的目标，保障农村参与乡村治理人口结构的合理化。但需明确的是，数字化参与机制只是传统参与机制的补充，并非所有的乡村公共事务均可以通过数字化平台实现，村"两委"需要根据乡村治理事务的性质合理选择农民群众的参与机制，以保障农民参与乡村治理的合理性、合法性和有效性。

（二）开展农民思想政治教育以培育农民主体意识

当前农民主体意识不强以及对自身主体认知的偏差是造成农民主体作用发挥困境的内在因素。加强对农民群众的思想政治教育可以推动农民跟上国家对"三农"工作布局的总体战略步伐，理解党和国家对"三农"工作的指导精神和扶持政策，使农民认识到自己在乡村治

---

① 何阳：《村民自治中农村流动人口的数字化参与》，《西北农林科技大学学报》（社会科学版）2021年第2期。

理中的主体地位，明晰自己在乡村治理过程中应该扮演的角色，增强其主体意识，为乡村治理现代化的推进提供强大动力支持。

第一，丰富农民思想政治教育的主要内容。当前我国社会主要矛盾、农业主要矛盾发生了很大变化，要适应新时代乡村治理现代化发展的客观要求，以满足农民实际需求为目标丰富和细化农民思想政治教育的内容。一方面，思想政治教育内容要与时俱进贴合当前农村的发展形势。基层党委和政府在落实上级党委、政府关于农民思想政治教育工作的基础上，还要与时俱进地增加乡村振兴、美丽乡村、乡村治理等与乡村社会息息相关的内容。同时，将思想政治教育内容与惠农政策相结合，增强农民对党和国家关于乡村治理现代化发展方针政策的认同感与参与感。另一方面，思想政治教育内容要贴近农民的生产和生活，根据农民生活实际加强对农民道德、民主法治等方面内容的重点教育。基层党委在开展政治教育过程中，要加强对农民社会公德、职业道德、家庭美德、个人品德教育，提升农民道德素质，使乡村社会形成良好的道德风尚，维护乡村社会和谐。同时，要围绕"自治、法治、德治"三治相融合治理体系的根本目标，结合当前基层民主政治建设与法治建设要求，对农民开展社会主义民主政治基本知识普及和社会主义法治教育，培养农民的法治意识和法治观念，使农民全面了解自身享有的民主权利，激发农民参与基层自治的主动性积极性，有序地参与乡村民主政治生活。

第二，创新农民思想政治教育的方式方法。农民思想政治教育方法的正确选择和运用对巩固农民思想政治教育效果具有重要影响。一方面，要推广理论教育与实践教育相结合的教育方式。在理论教学中，要改变过去单一的灌输教育理念，注重讲授讲解、理论学习与宣传教育上的创新，建立与农民双向交流平台与渠道，根据农民群体特点，引导农民自觉学习新知识，并积极参与乡村公共事务的治理。在实践教学中，要注重榜样教育，积极挖掘农民群众身边的真人真事典型人物和事迹，通过树立不同类型的榜样人物对农民进行教育，引导农民学习和践行，树立文明村风。另一方面，要探索线上和线下混合教育模式。基层党委和政府应积极建立线上线下农民专属平台，在线下，积极配备图书馆、阅览室、媒体放映室、文体活动室、乡村大礼堂等，构建由基层政府、教育机构和农民用户三级教育网络，及时向农民传递政治、经济、农业等方面的先进知识。在线上平台，加强主流媒体建设，掌握农民思想政治教育的主动权。在各类短视频平台开设主流媒体和党政机关团体机构账号，针对当前农村状况和农民群众的思想道德素质状况，创作符合社会主义核心价值观和新时代精神的教学视频，建立正确舆论的风向标。

第三，优化农民思想政治教育的工作队伍。建设一支结构合理的农民思想政治教育队伍是保障农民思想政治教育有效性的根本保障。要着力打造一支以乡镇党委宣传部门为统筹、乡村干部为主力、乡村精英等其他社会主体为补充的多元化教育队伍。首先，发挥县、镇机关党委宣传部门对农民思想政治教育的宏观指导和引领作用，协调、指导和监督全县各部门和村镇的思想政治教育工作。其次，发挥村干部对农民思想政治教育的主力作用。村干部要建构符合农民需求的话语方式，采用村民身边的典型人物作为模范，有机结合集中学习与个别访谈两种方式开展思想政治教育工作，让党的基本理论和惠农政策通俗化、大众化。最后，发挥乡村精英及其他社会主体对农民思想政治教育的补充作用。鼓励乡村能人、乡村劳模等积极因素参与到农村思想政治教育工作中来，真正做到农民思想政治教育的本土化和生活化，增强其实效性。

（三）提高农民科学文化素质以增强农民主体能力

农民的综合素质与乡村治理现代化中农民主体作用的发挥程度密切相关。农民参与乡村治理不仅要有较高的思想政治素质，也需要有较高的科学文化素养作为支撑。由于有限的受教育程度，农民文化素质和职业技能素质较低，无法以主人翁的姿态参与到乡村治理现代化的建设之中。加强农民文化教育和职业教育是提高农民主体能力的有效途径。

第一，加大文化教育提升农民文化素质。提高文化素质是农民确证自身主体地位，提升农民参与能力的前提。首先，提高乡村义务教育质量。义务教育对乡村中小学生主体意识与主体能力的培育具有基础性作用。政府应发挥舆论引导作用，充分利用传统媒体与新媒体的宣传合力，在农村地区营造向学、好学的社会氛围，提高农村适龄儿童的入学率；合理优化乡村学校空间布局及办学条件，提升乡村义务教育教师队伍建设，稳步提升乡村基础教育质量和水平，解决农村适龄儿童上学远、上学难问题；重视在义务教育中丰富乡土文化教育的内容与形式，培养乡村中小学生的乡土认同感，加固乡村青少年的精神家园。其次，创造农民再教育机会。针对乡村未接受过基础教育或教育中断的成年人，要为其提供再教育的机会，鼓励其参加成人自考、成人高考、开放大学等提升学历；依托农村文化礼堂、农民大课堂、村级文化服务中心等载体，组织开展丰富多彩的文化教育活动，提升农民群众的道德素质和文化素养。最后，推广实施高等教育帮扶计划。通过适当提高农村学生的招生录取比例、给予合理的加分政策、提高对农村学生的资助额度等方式，保证农村学生接受教育的连续性与连贯性；针对乡村中初、高中学历人才，实施乡村青年人才精英孵化计划，通过专项政策和激励政策，实施知名企业、高等院校、成人大学、职业院校等定点帮扶培养行动，提高其学历水平和专业水平。

第二，加强职业技能培训提升农民职业技能素质。开展职业技能培训是实现农民自我完善，培育其现代农业生产、管理、经营技能与专业知识技能的重要手段。首先，提高农民职业技能培训对象的精准性。地方政府在组织开展培训前应对农民的文化程度、年龄组成、从业经历、培训需求等情况进行摸底，建立农民培育对象数据库和信息管理系统，根据村庄的产业特色、发展现状，为不同类型和不同需求的农民提供分类培训，提高不同类型农民主体的专业技能水平。其

第三章　乡村治理现代化中农民主体作用研究

次,丰富农民职业技能培训模式的多元性。为增强乡村职业技能培训的有效性,要建立多元化的职业技能培训模式。依托农业高校、农职院校组建农民学院,将职业技能培训与农民教育有机融合;鼓励龙头企业、科技产业园区、农民合作社、家庭农场等为农民职业培训提供实践基地,建立农民实习实训基地和创业孵化基地,为农民提供教学观摩、实习实践和创业孵化的场所。[①] 最后,强化农民职业技能培训形式的实用性。充分依托互联网信息技术,开发适应农民学习的网络教育资源,构建"云上智农""职教云平台"等网络教育平台,为农民提供即时的信息资源服务。创设田间学校、线上云平台、实践实训基地相结合的跨时空教学形式,提供线上、线下,集中、分散,长期、短期等多样化培训形式,建立农民群众接受职业技能培训的开放学习体系,提高农民职业技能和自我发展能力。

[①] 张晓燕:《基于新型职业农民培育需求的农业职业教育发展研究》,《江苏农业科学》2020 年第 15 期。

参考文献

著作

《马克思恩格斯选集》第一卷，人民出版社2012年版。
《马克思恩格斯选集》第二卷，人民出版社2012年版。
《马克思恩格斯选集》第四卷，人民出版社2012年版。
《列宁选集》第1—4卷，人民出版社2012年版。
《毛泽东文集》第7卷，人民出版社2004年版。
《毛泽东选集》第1—4卷，人民出版社1991年版。
《邓小平文选》第三卷，人民出版社1993年版。
《江泽民论中国特色社会主义》，中央文献出版社2002年版。
《习近平谈治国理政》，外文出版社2014年版。
《习近平谈治国理政》第二卷，外文出版社2017年版。
《习近平谈治国理政》第三卷，外文出版社2020年版。
《习近平谈治国理政》第四卷，外文出版社2022年版。
《习近平关于"三农"论述摘编》，中央文献出版社2019年版。
习近平：《论坚持人民当家作主》，中央文献出版社2021年版。
《习近平经济思想学习纲要》，人民出版社、学习出版社2022年版。

参考文献

习近平：《决胜全面建成小康社会　夺取新时代中国特色社会主义伟大胜利——在中国共产党第十九次全国代表大会上的报告》，人民出版社 2017 年版。

习近平：《高举中国特色社会主义伟大旗帜　为全面建设社会主义现代化国家而团结奋斗——在中国共产党第二十次全国代表大会上的报告》，人民出版社 2022 年版。

《十六大以来重要文献选编》，中央文献出版社 2008 年版。

《中共中央国务院关于实施乡村振兴战略的意见》，人民出版社 2018 年版。

《中共中央国务院关于坚持和完善中国特色社会主义制度推进国家治理体系和治理能力现代化若干重大问题的决定》，人民出版社 2019 年版。

《中共中央国务院关于全面推进乡村振兴加快农业农村现代化的意见》，人民出版社 2021 年版。

《中共中央国务院关于实现巩固拓展脱贫攻坚成果同乡村振兴有效衔接的意见》，人民出版社 2021 年版。

《中共中央关于进一步全面深化改革、推进中国式现代化的决定》，人民出版社 2024 年版。

陈锡文、唐仁健、刘焕鑫、王瑞贺：《〈中华人民共和国乡村促进法〉解读》，中国农业出版社 2021 年版。

冯俊峰：《乡村振兴与中国乡村治理》，西南财经大学出版社 2018 年版。

贺雪峰：《监督下乡——中国乡村治理现代化研究》，江西教育出版社 2021 年版。

厉以宁、黄奇帆、刘世锦、蔡昉：《共同富裕：科学内涵与实现路径》，中信出版集团 2022 年版。

潘逸阳：《农民主体论》，人民出版社 2002 年版。

彭新万：《乡村振兴战略背景下农民的主要问题》，经济管理出版社2020年版。

《乡村振兴战略规划（2018—2022年）》，人民出版社2018年版。

谭德宇：《新农村建设中的农民主体性研究》，人民出版社2017年版。

徐勇：《中国农村与农民问题前沿研究》，经济科学出版社2009年版。

袁银传：《小农意识与中国现代化》，武汉出版社2002年版。

论文

陈晓枫、钱翀：《新型农村集体经济推进乡村治理现代化的机理与现实路径》，《当代经济研究》2024年第1期。

程广帅、余云翔：《城乡产业融合与农民主体性提升》，《农业经济问题》2024年第5期。

杜艳：《乡村振兴背景下新型农村集体经济组织职能定位与制度构建》，《农业经济》2024年第4期。

关庆华、吴晓燕：《牵引式治理：乡村振兴背景下产业发展与农民主体性》，《华南农业大学学报》（社会科学版）2022年第3期。

关振国、关焱、韩敏：《激发农民主体热情：推动乡村全面振兴的"硬核"动力》，《西北农林科技大学学报》（社会科学版）2024年第5期。

郭倩倩、王金水：《乡村振兴背景下农民主体性提升的困境及其纾解》，《江海学刊》2021年第5期。

贺雪峰：《村级治理现代化与治理有效》，《武汉大学学报》（哲学社会科学版）2023年第6期。

黄承伟：《在共同富裕进程中防止返贫与全面推进乡村振兴：理论逻辑、实践挑战及理念创新》，《西北师大学报》（社会科学版）2023年第1期。

黄顺君：《习近平新型职业农民主体性思想及其现实意义》，《社会科学家》2018年第9期。

参考文献

霍军亮：《乡村振兴战略下重塑农民主体性的多重逻辑——以山东省L村的实践为例》，《西北农林科技大学学报》（社会科学版）2022年第3期。

李超：《乡村振兴背景下农民主体性发挥的制约因素与培育路径》，《贵州社会科学》2023年第12期。

李祖佩：《人居环境整治中的农民主体性缺失：过程与机制》，《求索》2024年第3期。

梁丽芝、赵智能：《乡村治理中的农民主体性困境：样态、缘起与突破》，《中国行政管理》2022年第6期。

刘娟、王惠：《谁是乡村振兴的主体？——基于农民视角的考察》，《中国农业大学学报》（社会科学版）2023年第2期。

侣传振：《乡村建设行动中的农民主体能动性与协商效果关系研究》，《学术探索》2022年第6期。

王建芹、张钦：《监察体制改革背景下村干部"微腐败"行为治理：成效与路径》，《治理现代化研究》2024年第1期。

王晓毅、梁昕、杨蓉蓉：《从脱贫攻坚到乡村振兴：内生动力的视角》，《学习与探索》2023年第1期。

王晓毅：《坚持农民主体地位是实现高质量乡村振兴的保障》，《人民论坛》2022年第5期。

王玉海、李顺强、张琦：《共同富裕目标下的乡村振兴战略：内在机理与路径选择》，《北京师范大学学报》（社会科学版）2022年第6期。

肖昌贵：《乡村治理现代化中发挥农民主体性的理论逻辑与实践路径研究》，《经济界》2023年第5期。

薛明珠：《中国式现代化视域下农民主体意识建构的着力点》，《学术交流》2023年第3期。

杨希双、罗建文：《基于乡村振兴内生发展动力的农民主体性问题研究》，《重庆大学学报》（社会科学版）2023年第3期。

张慧鹏：《唯物史观视野下的乡村振兴与农民主体性》，《中国农业大学学报》（社会科学版）2022年第1期。

张剑宇：《乡村振兴中农民主体性表达的递进式逻辑及其优化路径》，《西北农林科技大学学报》（社会科学版）2023年第3期。

张云生、张喜红：《发挥农民的主体作用助力乡村振兴战略实施》，《新疆社会科学》2021年第6期。

钟曼丽、杨宝强：《再造与重构：基于乡村价值与农民主体性的乡村振兴》，《西北农林科技大学学报》（社会科学版）2021年第6期。

左停、刘路平：《共同富裕和人的全面发展视域下的乡村振兴》，《贵州社会科学》2022年第2期。